MICHELE BOSIS - LIDIA CRISTINI - ANTONIO ZANCHI

LA MIA GUERRA
DIARI E RICORDI DI SOLDATI E CIVILI CHE HANNO FATTO E VISSUTO LA GUERRA 1940-1945

AUTORI

Antonio Zanchi nato a Zanica al tempo geniere del 3° reggimento
Michele Bosis nato a Zanica al tempo Alpino-inefrmiere di ospedale da campo della Divisione alpina Tridentina.
Lidia Cristini nata a Zanica, l'unica vivente dei tre autori di questo libro, scrittrice e poetessa per passione

Luca Cristini ha curato l'opera riunendo i diari dei tre autori ampliando con l'appendice degli altri ricordi dei militari di Zanica che presero parte alla tragedia della guerra.

NOTE EDITORIALI

Tutto il contenuto dei nostri libri, in qualsiasi forma prodotti (cartacei, elettronici o altro) quando non diversamente specificato è copyright soldiershop.com. I diritti di traduzione, riproduzione, memorizzazione con qualsiasi mezzo, digitale, fotografico, fotocopie ecc. Sono riservati per tutti i Paesi. Nessuna delle immagini presenti nei nostri libri può essere riprodotta senza il permesso scritto di soldiershop.com. L'Editore rimane a disposizione degli eventuali aventi diritto per tutte le fonti iconografiche dubbie o non identificate. I marchi Soldiershop Publishing, Bookmoon, Museum s e relative collane sono di proprietà di soldiershop.com o Luca Cristini Editore; di conseguenza qualsiasi uso esterno non è consentito.

PUBLISHING'S NOTES

None of unpublished images or text of our book may be reproduced in any format without the expressed written permission of Soldiershop.com when not indicate as marked with license creative commons 3.0 or 4.0. Soldiershop Publishing has made every reasonable effort to locate, contact and acknowledge rights holders and to correctly apply terms and conditions to Content. In the event that any Content infringes your rights or the rights of any third parties, or Content is not properly identified or acknowledged we would like to hear from you so we may make any necessary alterations. In this event contact: info@soldiershop.com. Our trademark: Soldiershop Publishing ©, The names of our series & brand: Museum book, Bookmoon, Soldiers&Weapons, Battlefield, War in colour, Historical Biographies, Darwin's view, Fabula, Altrastoria, Italia Storica Ebook, Witness To History, Soldiers, Weapons & Uniforms, Storia etc. are herein © by Soldiershop.com.

LICENSES COMMONS

This book may utilize part of material marked with license creative commons 3.0 or 4.0 (CC BY 4.0), (CC BY-ND 4.0), (CC BY-SA 4.0) or (CC0 1.0). We give appropriate attribution credit and indicate if change were made in the acknowledgements field. All our books utilize only fonts licensed under the SIL Open Font License or other free use license.

LA MIA GUERRA - Diari e ricordi di soldati e civili che hanno fatto e vissuto la guerra 1940-1945 Di Michele Bosis, Lidia Cristini, Antonio Zanchi. A cura di Luca Cristini. ISBN code: 97888932726030 Prima edizione giugno 2020 Code.: **SPS-065** Cover & Art Design: Luca S. Cristini & Anna Cristini

STORIA is a trademark of Luca Cristini Editore, via Orio 35/4 - 24050 Zanica (BG) ITALY. www.soldiershop.com

LA MIA GUERRA
DIARI E RICORDI DI SOLDATI E CIVILI CHE HANNO FATTO E VISSUTO LA GUERRA 1940-1945

INDICE

Premessa & Ricordi .... pag. 5

DIARI DI GUERRA

Michele Bosis un alpino-infermiere in Russia .... pag. 7

Lidia Cristini una sedicenne a Roma nel 1941 .... pag. 49

Antonio Zanchi sergente del 3° Reggimento Genio ..... pag. 63

APPENDICE

Un asso degli aerosiluranti .... pag. 85

La guerra degli altri, aneddoti e ricordi .... pag. 91

Immagini di soldati .... pag. 93

PREMESSA

A che servono i nostri ricordi, le nostre memorie ? A questi quesiti vitali rispondiamo con mille considerazioni che però poi sfociano spesso in un'amara solitudine. Facciamo tutto questo quasi per istinto, per far sopravvivere storie che altrimenti rimarrebbero sepolte nel grande mare dell'oblio.
Io, noi i più, per fortuna, non abbiamo vissuto il tempo di guerra, le stagioni dei massacri.
Apparteniamo, ormai in gran parte, alla generazione che è nata dopo la seconda guerra mondiale.
È probabile, possibile che per questo nostro status esistenziale, noi proviamo, anche inconsciamente, un sottile rimorso nei confronti di coloro che sono stati stritolati dalle guerre.
Specialmente in questi giorni, in cui stiamo vivendo una sorta di *transfer* a causa della pandemia da corona virus. Molti di noi avranno pensato di trovarsi in una situazione simile a quella che si genera in tempo di guerra, di una libertà privata, costretta da regole rigide e situazioni critiche.
Ci siamo sentiti "in guerra", ma per quanto pesante è stata questa avventura della pandemia essa rimane ben lontana dai sacrifici che i nostri nonni hanno patito in quei micidiali anni fra il 1940 e il 1945.
Chi scatena la guerra, ieri come oggi, chi la manovra (anche dietro le quinte) è il vero responsabile. Il filmato e il sonoro della dichiarazione di guerra dei 10 giugno 1940 da parte di Mussolini, dal balcone di Palazzo Venezia, rivolta all'Inghilterra e alla Francia, ancora oggi fanno venire i brividi.
"*Popolo italiano corri alle armi*": iniziò così la tragedia costruita scientemente nel corso degli anni dal regime fascista con un culto iconico, pervasivo ed esasperato dei Caduti della prima guerra mondiale, altro dramma e, noi lo sappiamo bene, terrificante macello. E la guerra fu suo malgrado una potente fabbrica di eroi. Tutti eroi "per caso", inconsapevoli, nessuno per la verità aveva in animo di diventarlo eroe! La maggior parte di coloro che hanno combattuto non ama le medaglie.
Questo libro però non parla in astratto della catastrofe della guerra e delle sue conseguenze. I testimoni, le voci narranti non sono persone sconosciute. Sono partiti per la guerra o l'hanno vissuta (è il caso dei civili come Lidia Cristini). Uomini spediti al fronte, costretti a lasciare a casa le loro famiglie: quelle degli affetti più cari, e quelle comunitarie del paese, allora vissute assai più intensamente di oggi.
I loro ricordi sono tramandati da poche foto e lettere, quaderni e diari sempre più ingialliti, spesso con la scomparsa degli autori sempre meno custodite gelosamente, che rischiano di finire abbandonate in una scatola di qualche rigattiere da mercatino dell'antiquariato.
Il primo merito dell'autore prima e attraverso di lui dell'archivista, è quello di salvaguardare il salvabile in termini di memoria umana e storica: il che nei tempi oscuri in cui ci tocca vivere è tutt'altro che poco. Io l'ho fatto con i diari dei miei compaesani, ma il discorso vale per tutti.
Ho sempre avuto in animo di tentare di ricostruire la storia e un'analisi realistica di come si svolsero i fatti dei nostri caduti in guerra. È un ossessione che mi porto dietro sin da piccolo, quando sul sagrato in piazza della chiesa di Zanica stavo ore col naso all'insù a osservare la lapide dei caduti, a cercare di capire cosa voleva dire: "disperso in Russia" a tradurre , a fare una sintesi di quella lunga fila di nome dietro ai quali in realtà stavano vite, romanzi! Spesso alle spalle mi ritrovavo il parroco di allora: Don Giacomo Lomboni, che aveva una certa passione per la storia e pazientemente e con la vocazione di un "antico maestro" mi forniva qualche spiegazione.
Oggi questa ossessione la riassumo così, presentando tre stupendi "diari di guerra". Scritti da un alpino, una civile e un geniere. Tre bergamaschi come già detto. In appendice una raccolta di altre storie di reduci che a suo tempo ho sentito e ascoltato in merito a episodi e storie non raccontate in diari ma che valgono la pena di essere lette rivissute.

      Buona lettura a tutti,

                                                                 Luca Cristini

Seguono ora brevi, appunti note, ricordi dei parenti degli autori dei tre diari.

LO ZIO MICHELE

Un paio d'occhiali, due grandi vetrine che ogni tanto lasciavano trasparire la rugiada di un terribile passato, ma la sua voce scandita e squillante, dopo aver esorcizzato nell'umile eleganza del ricordo la dura esperienza, era sempre pronta a condividere il simbolico abbraccio di un un'umanità vincente.

Mino Bosis, nipote

LA "LIDIA"

Esercitare la memoria per vivere un presente che non si congedi mai dal senso della vita e del sentimento di appartenenza a una storia. La storia di una nazione, di una famiglia, di tante persone conosciute nella propria comunità, quella che chiamiamo il "paese".
Così mia mamma (la Lidia) da tanti anni, da un pò ha superato i novanta, prende quaderno e penna. Scrive la sua storia, attraversata dalla seconda guerra mondiale (lei era in piazza Venezia a Roma quando il Duce fece il suo discorso per la entrata in guerra dell'Italia..." Le dichiarazioni di guerra sono state consegnate all'ambasciatore degli Stati Uniti d'America..." Era là a "fare la balia" a un bambinetto, figlio di un ufficiale dei carabinieri).
Ha vissuto la occupazione tedesca: ha sentito la cattiveria e le fragilità di quegli uomini in divisa. Ha vissuto l'esordio della repubblica.
Ha scritto un "diario di guerra" che è stato consegnato nelle migliori mani, quelle del nipote Luca.
La mamma non si limita a scrivere, legge anche molto, e così, nel tempo, si è fatta un'idea sua degli attraversamenti più terribili, ma anche più gloriosi della storia nazionale; e anche quelli del suo paese, di Zanica.
Ha amato tanti uomini, da suo padre Guglielmo, all'amatissimo marito Bruno, ai figli Adriano, Luigi e Floriano. Sempre anche ammirata, dalla forza indomabile di sua madre, per noi, la nonna Felice, la Leonessa.
Ti auguro cara mamma di continuare a scrivere e a leggere ancora per tanti anni e soprattutto di continuare a sentire il gusto di avere una visione della vita, certo nel solco della fede, che hai grande, ma anche dell'amore per se stessi e la propria vita, tutta la propria vita.
Non c'è, per me, testimonianza più bella, regalo più bello.

Floriano Bresciani, figlio

ANTONIO ZANCHI (OL FENDO)

Parlando del diario di Antonio Zanchi, il mio ricordo va ai tempi in cui io ed i miei cugini eravamo ragazzi. Durante gli incontri conviviali della famiglia, mio zio Antonio era solito raccontarci episodi ed aneddoti della sua prigionia. Erano fatti drammatici, ma Antonio, forse per la sua esperienza teatrale o per non rattristarci, riusciva sempre a condirli con una certa ilarità. Come ha fatto Benigni con "La vita è Bella", riusciva a strapparci un sorriso sempre ed in ogni caso.

Una volta adulto, ho avuto l'occasione di leggere il suo diario. Senza la sua ilarità, i fatti raccontati da Antonio, hanno assunto tutta la loro drammaticità. Non ho più sorriso come da ragazzo.

Anche ora dopo così tanti anni, mi prende un sentimento di commozione ricordando la figura di mio zio, quello che ha vissuto e come lo ha raccontato.

Emilio G. Galli, nipote

MICHELE BOSIS

DECIMATI E SCALZI NELLA NEVE GLI ALPINI NELLA RITIRATA DELLA SACCA DEL DON "

Racconto di Bosis Michele, Alpino-Infermiere del 620° Ospedaletto da campo della Divisione alpina Tridentina [1]

Capitolo 1

Diciannove anni e sembra ieri!
Sono ricordi questi che restano stampati a sangue nella mente. Chi ha "visto" la ritirata di Russia come l'ho vista io, chi l'ha vissuta
Con l'ansia di riportare a casa la propria pelle, per un motivo strettamente umano, e chi ha visto la morte continuamente in faccia, non può dimenticare.
Chi così vi parla è un semplice alpino, infermiere del 620° Ospedaletto da Campo della 2°a Divisione Tridentina.
L'eroico Ospedaletto partì nel 1942 da Quarto d'Asti per quella sua gloriosa quanto sfortunata "compagna" al servizio dei leggendari battaglioni lombardi "Edolo" - "Tirano" e "Morbegno".
Amici lettori, la tragica odissea che ho vissuta in terra di Russia non l'ho raccontata a nessuno mai perché non volevo che nel cuore di tanti figli, di tante spose e di tante mamme si aprisse una ferita maggiore o addirittura venisse tolta loro la speranza di riabbracciare i propri cari dispersi in quella lontana gelata terra. Ormai del tempo né è passato assai e siccome il tempo cancella tante cose, ora posso raccontare tutta la verità.
A tutte le mamme che al ritorno dalla prigionia, mi domandavano dei loro figlioli e che io avevo visti morire, non ho mai raccontato loro la verità; perché sapevo che se a loro avessi dovuto veramente dire come il loro figliolo era morto, sicuramente non avrebbero resistito al dolore.
Prima che mi addentri nella dettagliata vita trascorsa in ritirata e in prigionia, è bene che abbiate sin dalla prima puntata una visuale abbastanza completa e generale di come erano messe le nostre truppe e in sintesi un quadro generale della grande disfatta.
La tragica odissea dei soldati italiani in Russia, ebbe inizio il 16 dicembre 1942 quando, verso sera i russi, dopo cinque giorni di aspri combattimenti, preceduti da un intenso fuoco di artiglieria che si era sviluppato all'alba dell'11 dicembre, riuscivano a sfondare il fronte dell'ala destra dell'8a Armata comandata dal Generale Gariboldi.
Nel corso della violenta contro-offensiva scatenata dai russi sul Fronte Sud, le divisioni corazzate sovietiche' passavano all'attacco nel tratto di fronte situato a nord di Stalingrado.
su quel tratto di fronte, sulla destra della terza armata romena, era schierata appunto la ottava arma-

---

[1] La Divisione "Tridentina" trae origine dal 2° Raggruppamento Alpino, costituito a Torino il 7 marzo 1923 quando si ebbe l'unificazione sotto un unico comando dei Reggimenti 5°, 6° e 7° Alpini e 2° Artiglieria da montagna. Nel 1934, il comando di Brigata assunse la denominazione di 2° Comando Superiore Alpino "Tridentino". Il 10 settembre del 1935 la brigata venne ridenominata 2ª Divisione alpina "Tridentina". La Divisione Tridentina prese parte alla Campagna della guerra d'Etiopia del 1935-1936. L'organico della Divisione venne poi ristrutturato nel maggio del 1937.
Il 10 giugno 1940, all'entrata in guerra dell'Italia nel secondo conflitto mondiale la grande unità risultava dislocata sul fronte francese nel settore Balte-Orc-Stura di Lanzo e prese parte alle operazioni contro la Francia dal 10 al 24 giugno e dopo l'armistizio di Villa Incisa, che pose fine alle ostilità contro la Francia, dal mese di novembre, la Divisione venne trasferita in Albania e dopo aver preso parte alla guerra contro la Grecia, rientrando in Italia, nel luglio 1942 ricevette ordine di trasferimento in Russia, inquadrata nel Corpo d'armata alpino dell'8ª Armata partecipando alla campagna di Russia, coinvolta durante l'inverno 1942-1943 venne nella rotta delle forze dell'Asse.
La Divisione, praticamente distrutta, si dissolse come l'intero Regio Esercito nel settembre 1943 mentre era in ancora fase di ricostituzione e venne sciolta a seguito delle vicende che seguirono l'armistizio dell'8 settembre 1943.

ta italiana. Forte di 220.000 uomini, l'Armir stava attraversando ai primi di dicembre un periodo di grave crisi: 300 chilometri di fronte, presidiati dalle già provate divisioni che, calcolando anche gli uomini dei servizi, degli ospedali da campo e della sussistenza, potevano mettere in linea un uomo ogni otto metri.

Su questo leggerissimo velo protettivo, si avventarono fra l'11 ed il 16 dicembre, circa 700 carri armati russi ed oltre 12 battaglioni di fanteria pesante motorizzata.

Il lento movimento di sganciamento dal settore del Don, a prezzo di durissimi sacrifici, con enormi perdite di vite umane, permetteva di creare una linea difensiva arretrata, compresa fra Michailo Alexandrovski, sulla linea ferroviaria Millerovo-Rossoch e Novo Kalitva, dove avveniva il congiungimento con il Corpo di Armata Alpino che presidiava ancora saldamente un tratto il fronte lungo il Don.

Il 14 gennaio 1943, i russi riorganizzatisi, davano inizio ad un nuovo violentissimo attacco contro l'ala sinistra dello schieramento costituito dal corpo d'armata alpino italiano, comandato dal generale Nasci, dal XXIV° Corpo d'Armata Tedesco e dalla Seconda Armata Ungherese.

Lo sfondamento doveva avvenire nel settore del fronte tenuti dai tedeschi e dagli ungheresi: il Corpo d'armata alpino venne di conseguenza a trovarsi isolato, con il proprio schieramento frontale quasi intatto, ma con le ali completamente scoperte.

L'alpino infermiere della Tridentina Michele Bosis nella sua uniforme da campagna.

l'ordine di ripiegamento ai reparti alpini, da parte del comando di Armate tedesche da cui l'unità italiana dipendeva tatticamente venne dato con molto ritardo, solo quando i tedeschi ebbero tutto il tempo utile per portarsi in salvo. Infatti in quei giorni non riuscivamo a domandarci il perché del passaggio ininterrotto di soldati tedeschi.

E qui cominciò l'inizio della strage.

Capitolo 2

Partendo dall'Ucraina e precisamente da Nova Moskovsk, giungemmo sempre a piedi per Rossock a Podogornoye, sito a soli 8 km dalla frontiera. Era un grosso paese composto da isbe e da soli due massicci fabbricati a due piani: le scuole ed il municipio.

Proprio nell'edificio delle scuole, sin dal settembre del 1942 quando vi giungemmo, aveva la residenza il nostro ospedaletto da campo. In poco tempo grazie alla passione della truppa, e di tutti gli ufficiali medici, l'edificio si trasformò in uno fra i più belli, più comodi e più confortevoli ospedaletti della divisione, tanto da meritare da parte del comando di divisione della Tridentina e precisamente dall'eroico generale Reverberi i più grandi elogi.

Come già al fronte occidentale e poi al fronte greco-albanese, io svolgevo pure qui tutta la mia attività a favore dei feriti in qualità di infermiere aiutante del bravo tenente chirurgo Pisello.

Non posso e non potrò mai dimenticare l'alta e nobile figura di questo grande chirurgo, ex seminarista come il sottoscritto, il quale nei feriti non faceva distinzione alcuna, curava tutti, anche i nemici, con uguale passione e carità.

Infinite volte, nel cuor della notte, all'insaputa del nostro Comandante Capitano Dott.Grandi, benché stanchi dopo aver assiduamente lavorando tutta la giornata operando e medicando, ci recavamo al vicino lazzaretto russo, carichi di materiale farmaceutico, per portare il nostro aiuto e la nostra opera a tanti uomini, donne e giovani russi, colpiti da malattie infettive e da purulenti cancrene. Essi languivano privi di tutto, su giacigli di paglia infetta posti a terra. Mi ricordo che abbiamo salvato la vita ad un giovane di 20 anni amputandogli l'intera gamba in preda ormai ad una cancrena, che lo avrebbe certamente portato alla morte.

Un'anziana e pia donna russa che fungeva da infermiera a questi sfortunati ammalati appena ci vedeva comparire ci correva incontro e piangente dalla gioia ci copriva di baci e di abbracci e non sapeva in quale maniera manifestare il suo ringraziamento.

Mi ricordo che l'ultima volta che ci siamo incontrati ci disse: " Sono certa che per questa grande carità che state compiendo Iddio vi aiuterà e vi proteggerà . " Queste parole mi risuonarono sovente all'orecchio per tutto il periodo della ritirata e della prigionia e furono stimolo per me di incitamento e di coraggio. Esse furono infatti veritiere poiché il dottor Pisello si salvo riuscendo ad uscire dalla sacca del Don ed io miracolosamente scampai più volte dalla morte durante la lunga e penosa prigionia.

La vigilia di Natale del 1942 fu un giorno intensissimo di lavoro poiché giungevano ad ogni ora e da ogni parte autoambulanze cariche di feriti. Sull'imbrunire l'ospedale fu completamente esaurito. Cosa stava succedendo? Nessuno riusciva a darsi una spiegazione !

Ma la spiegazione inaspettata non tardò ad arrivare. Essa venne data il giorno successivo, dal nostro buon cappellano Don bianchi durante la Messa del Santo Natale.

Egli infatti con voce commossa e quasi con le lacrime agli occhi, disse che il fronte sul nostro fianco era sfondato dai mezzi corazzati russi: che le divisioni italiane di fanteria (Corseria e Ravenna) stavano sostenendo la loro dura battaglia e che moltissimi nostri compagni alpini avevano già immolato la loro vita compiendo il loro dovere. Sul finire, allungando verso tutti i presenti le sue paterne braccia, testualmente ci disse: "miei cari e valorosi figli alpini vi esorto ad essere in questi momenti, che potrebbero da un momento all'altro essere tragici anche per noi, ad essere forti e a non lasciarvi prendere dal panico. State vicini al Signore perché solo con lui troverete la forza per resistere, e soprattutto pregate, pregate, pregate ..."

Furono parole queste che scesero nel nostro animo come una doccia fredda. I feriti, specie quelli gravi e nell'impossibilità di camminare, proruppero in un pianto dirotto, frammisto a convulsi singhiozzi.

Cominciai allora a capire la gravita della situazione cui sicuramente ed inevitabilmente andavamo incontro. fu per tutti noi un cupo natale quello del 1942 di paura e di spavento.

Inoltre fummo pure implacabilmente battuti dall'aviazione russa che, specie in quel giorno senza tregua bombardava e mitragliava il paese e la zona circostante.

Nella notte poi le alte fiamme di un immane incendio provocate dallo scoppio di un deposito di carburante colpito, avevano tinta di rosso la neve dando vita ad una scena macabra e quasi infernale aggravando ancor più gli animi nostri già in preda al panico ed al terrore.

Pur con tanta ansia e paura in cuore il mio chirurgo ed io, per dovere abbiamo ugualmente svolto il nostro lavoro, per tutta l'intera notte in sala operatoria, tagliando e amputando.

Certo che la mano del Dott. Pisello non era più cosi sicura come in altri tempi. Ogni tanto, allo scoppio di qualche bomba vicina, che faceva tremare l'intero caseggiato e crollare i vetri delle finestre, egli si arrendeva e non aveva più la forza per proseguire. Allora prendevo della garza e gli asciugavo il freddo sudore che gli scendeva dalla fronte e gli rimettevo fra le mani i ferri chirurgici per proseguire a terminare l'intervento iniziato.

Io invece al contrario, sino a quel momento mi sono mantenuto abbastanza tranquillo e calmo, anche se però la mia mente andava lontana, immaginando cose terrificanti alle quali sicuramente saremmo poi andati incontro.

Dopo alcuni giorni vivendo sempre nell'ansiosa attesa di sapere o ricevere ordini da parte del comando di divisione su come comportarci nei confronti dei feriti e degli ammalati, alcuni infermieri della 302a sezione di sanità , dislocata con gli alpini nei camminamenti della trincea, portarono al nostro ospedale un giovane sergente russo, datosi volontariamente, prigioniero fuggendo dalle proprie linee. Egli venne salvato grazie al fuoco aperto dagli alpini proteggendolo dai tiri dei suoi connazionali che cercavano di colpirlo alle spalle.

Egli portava una profonda ferita ad un piede e mentre stavamo medicandolo togliendogli una pallottola che vi si era conficcata arrivarono alti ufficiali del Comando con un interprete che si accinsero subito ad interrogarlo per sapere importanti notizie, che sarebbero state in quei momenti preziosissime. Egli infatti disse che diverse Divisioni corazzate russe stavano ammassandosi sul fronte di Varonez per poter, a giorni sferrare un forte attacco anche sul lato sinistro per poi ricongiungersi con le forze che avevano sfondato a Natale il lato destro e che stavano avanzando per poi chiudere in una ferrea sacca tutto il Corpo d'armata alpino e le divisioni tedesche e ungheresi.

Capitolo 3

Il gruppo degli alti ufficiali dopo che ebbero attentamente ascoltato ed annotato le preziose dichiarazioni del prigioniero russo, dissero al mio capitano Grandi che nella tarda serata si sarebbe tenuta al corpo d'armata una riunione di tutti i generali per deliberare cosa si doveva fare e di aspettare gli ordini precisi da eseguire.

Intanto all'ospedaletto arrivavano sempre nuovi feriti sino ad esaurire completamente ogni angolo di esso. Molti dei feriti più gravi, operati nei giorni precedenti, erano morti; molti altri, specie quelli feriti all'addome, ai quali ogni intervento sarebbe stato inutile, attendevano rasserenati ed in preda ai più acuti dolori la mano provvidenziale di Dio che li avesse a cogliere.

A rasserenare e a calmare le grida disperate di quei poveri disgraziati è valsa ancora l'opera instancabile del Don Bianchi che continuamente è stato loro vicino, confortandoli, confessandoli ed assistendoli sino all'ultimo loro trapasso.

Mi domandavo ogni tanto quale sarebbe stata la sorte mia, quella dei miei compagni, dei miei ufficiali e di tutti i feriti. Il giorno successivo sorvolarono sul paese due apparecchi russi, i quali non buttarono bombe, come al solito, ma una fitta pioggia di manifestini scritti in italiano che pressappoco dicevano così: " Italiani, ormai per voi è giunta

Altra immagine dell'alpino Michele questa volta con maschera anti-gas indossata.

la fine !!! A giorni sarete inesorabilmente chiusi in una sacca nella quale vi schiacceremo. Se avete cara la vita, se volete tornare ancora in Italia alle vostre case ed agli affetti dei vostri cari, se volete avere un ottimo trattamento... arrendetevi, arrendetevi.

Se i vostri comandanti fascisti vi obbligano a resistere uccideteli; gettate le armi e venite con noi che avrete salva la vita.

Ai primi di gennaio giunse finalmente dal Comando l'ordine di sgomberare l'ospedaletto. Cominciammo subito, con intenso lavoro, a caricare sui camion e sulle autolettighe, iniziando dai più gravi, tutti i feriti. Man mano che gli automezzi venivano completati li facevamo immediatamente partire prendendo la via a Ovest, forse ancora aperta e certo la più sicura.

In poche ore di intenso lavoro al quale parteciparono tutti, ufficiali e truppa, con spontaneo e generoso slancia, l'ospedaletto venne quasi completamente sgomberato. Ci siamo sentiti, solo allora, finalmente liberati da un grosso peso che incombeva sul nostro animo e cioè la soluzione del tanto delicato problema dei feriti. Ora attendavamo con impazienza quale fosse il nostro ordine da eseguire.

Non era ancora calata la sera di quel faticoso giorno quando all'improvviso, vedemmo arrivare altri feriti ed un'immensa moltitudine di soldati sbandati, provenienti tutti da Rossock, in cerca d'asilo. Interrogati perché erano fuggiti da Rossock ci risposero che al mattino presto, colti nel sonno, grossi carri armati russi erano entrati in città e stavano bombardando e mitragliando ogni quartiere.

Gli unici a battersi contro quei carri armati russi che cercavano di distruggere i rifornimenti del Corpo d'Armata, furono gli sciatori del gruppo Cervino che allora si trovava sul posto.

Colto all'improvviso e sprovvisto di mezzi necessari per combattere i carri armati si adoperarono ugualmente con ogni mezzo e con ogni arma per far tacere quegli orrendi bestioni. Solamente a sera inoltrata vi riuscirono. Ma all'eroico battaglione, quella vittoria costò cara, dato che comportò la sua totale distruzione ! Il Cervino era il migliore battaglione del Corpo d'armata alpino, composto esclusivamente dai migliori specialisti alpini usciti dalla famosa scuola di Aosta.

Ora in poche ore, avvolti nelle loro caratteristiche tute bianche, giacevano massacrati per le vie di Rossock.

Alle prime luci dell'alba fecero di nuovo ritorno all'ospedaletto, una ad una tutte le autolettighe che il mattino precedente avevamo smistate cariche di feriti. Solamente quattro di esse, le prime che presero il via non hanno fatto ritorno. Gli autisti ed i nostri portaferiti riferirono che è sto loro impossibile proseguire il viaggio poiché hanno trovato sbarrata ogni strada dai russi.

Ormai non c'era più nulla da fare. Rimettiamo nuovamente nell'ospedale i feriti ridotti a tanti pezzi di ghiaccio e bisognosi di nuove cure. Gli ufficiali e noi infermieri rimanemmo senza parole, guardandoci in faccia l'un l'altro dalla grande sorpresa toccataci. A rompere il silenzio e a ridarti l'animo fu ancora il buon Don Bianchi che con parole veramente sante, quelle che solo lui sapeva trovare in tali circostanze, ci ha ridato coraggio e speranza e nello stesso tempo, la forza di rimetterci nuovamente al lavoro presso quei cari e tanto amati feriti.

I giorni intanto passavano lenti, troppo lenti per chi viveva continuamente nell'ansia di poter sapere cosa fare in situazioni tanto disastrose.

Ormai era evidente che eravamo già tutti chiusi in un anello di ferro.

Dal vicino fronte i russi potevano sferrare l'attacco da un momento all'altro e da Rossock potevano comodamente spuntare nuovi carri armati. Cosa intendeva fare il comando di divisione ? perché si aspettava ancora tanto per dare degli ordini ?

La mattina del 10 Gennaio il Capitano Grandi che in quei giorni aveva dimostrato fermezza e sangue freddo eccezionali, radunò nella Sala operatoria tutti gli ufficiali. Dopo la riunione seppi per bocca del mio chirurgo Pisello che i generali riunitisi a consiglio avevamo a malincuore deciso, per non rallentare la ritirata, l'abbandono di tutti i feriti e contemporaneamente di adottare le leggi internazionali della Croce Rossa per questi estremi casi e cioè di lasciare con i feriti due portaferiti tra i più giovani e non sposati ed un medico pure giovane da scegliersi tra i celibi dell'ospedaletto.

Il cappellano Bianchi che era presente all'adunata chiese subito di rimanere con i feriti, ma l'ordine del capitano Grandi non ammise discussioni. "I russi rispetteranno a malapena un nemico ma non i cappellani" disse. " il vostro sarebbe un inutile rischio. Non possiamo sciupare altre vite umane."
Il compito delicato di rimanere toccò ai due portaferiti del reparto che conoscevo molto bene e che con me avevano già fatto il fronte occidentale e quello greco-albanese; e al sottotenente radiologo dal carattere d'oro e dai lineamenti da imberbe ragazzo che sino ad allora si era dedicato esclusivamente alle cure degli ammalati e non si era mai interessato della disciplina della truppa.
Era l'ufficiale più amato dai soldati perché non aveva mai in tanti anni trascorsi in mezzo a noi, punito alcuno. " Mi confessi, Reverendo" chiese con semplicità a Don Bianchi prima di essere lasciato con i feriti. Dopo la confessione, gli consegnò l'orologio. "Lo porti alla mia mamma" non aggiunse altro. Poi scoppiando in un pianto a dirotto si gettò al collo del cappellano sfogando tutto il suo dolore e la sua disperazione. L'anno successivo ad Arsck seppi da alcuni prigionieri che egli e i due portaferiti morirono di stenti e privazioni con tutti i feriti che avevamo a loro affidati prima della ritirata.
Frattanto nella febbrile attesa di sapere esattamente il giorno e l'ora esatta del nostro ripiegamento eseguimmo altri ordini che quasi ad ogni minuto ricevevamo.
I nostri autisti incendiarono e distrussero le autolettighe ed i camion che avevamo in dotazione. In un successivo comunicato venne dato l'ordine che prima della ritirata in paese non dovesse rimanere nulla che fosse poi utile alle truppe occupanti russe.
Pertanto i magazzini viveri e vestiario della vicina Sussistenza furono i primi ad essere presi d'assalto. Ai nostri feriti che dovevamo abbandonare abbiamo loro riempito una grande stanza di viveri, vestiario e medicinali. I soldati si vestirono tutti a nuovo con doppi capi di vestiario di lana e fecero provvista solamente di viveri di conforto, perché per gli altri viveri di razionamento avrebbero pensato i conducenti di muli e i cucinieri a portarseli appresso sopra le slitte. Dovevamo insomma essere, al momento della partenza, più liberi e leggeri possibile per affrontare il lungo e faticoso cammino della ritirata. Io ed il mio più intimo amico Mosca, con il quale in quei giorni feci giuramento che non ci saremmo più divisi in qualsiasi frangente, ci riempimmo due boracce ciascuno di cognac, una gavetta di marmellata e riempimmo il fodero della maschera antigas di sigari e sigarette. Mettemmo nelle giberne dieci caricatori e nelle tasche posteriori della giacca altre dieci bombe a mano tipo "Balilla".
Nei magazzini rimanevano ancora moltissimi viveri e vestiario ed aspettavamo l'ordine del comandante per dare fuoco e distruggere ogni cosa. Ma al momento di dare fuoco a tanta grazia di Dio ci penso un istante e poi ordinò ai soldati di chiamare tutta la gente russa del paese che viveva in una povertà assoluta, e con la quale avevamo in pochi mesi di permanenza, stretto una vera amicizia. Ad essi consegnammo quindi tutto quel ben di Dio. Il mio chirurgo fece trasportare anche al vicino lazzaretto russo parte di viveri e vestiario. In breve non rimase più nulla.
Col consenso del mio chirurgo Pisello andai in sala operatoria e presi quello che vi era di più prezioso fra i ferri chirurgici. Si trattava di due massicce punte facenti parte del termocauterio di puro platino del peso di circa mezzo chilogrammo. Mi ricordo di averle nascoste, per l paura di essere perquisito da qualche ufficiale, in fondo alla gavetta piena di marmellata !

Capitolo 4

Nel frattempo il Capitano,medico Franzini si ricordò delle pochissime fiale di siero antitifico petecchiale che erano giunte, in stretta misura,alcune settimane prima dall'Italia e che teneva gelosamente custodite.
Il."Virus" del tifo petecchiale era temutissimo da tutti. Chi ne era colpito inesorabilmente moriva.
Col consenso del Capitano Grandi le fiale vennero consumate praticando l'iniezione al soli ufficiali. Ne rimasero ancora tre e a beneficiarne sono stati gli infermieri Mosca, Di Caro ed il sottoscritto. Riconobbi più tardi il beneficio avuto di questa preferenza quando, in prigionia moltissimi mili-

tari morivano colpiti da questo mostruoso morbo. Colgo pertanto l'occasione attraverso queste pagine, della mia vita passata in terra russa per ringraziare la Provvidenza che per le mani del medico Franzini ricevetti quel preziosissimo farmaco, grazie al quale non venni intaccato da quella terribile malattia. Pensandoci ancora oggi, attribuisco a quel provvidenziale siero una delle cause della mia salvezza, poiché senza di quello sicuramente non avrei mai più toccato il suolo italiano. L'ordine di ritirata intanto giunse il 15 gennaio. Secondo l'ordine del generale Nasci (comandante il corpo d'armata alpino), per una perfetta ed ordinata ritirata, la divisione Tridentina con i suoi eroici battaglioni doveva essere all'avanguardia della colonna col compito sfondare l'inevitabile accerchiamento russo. Subito dopo, di rincalzo ed in appoggio, in caso di cedimento dei reparti la divisione Cuneense, di retroguardia e per supposti attacchi alle spalle la Julia.
Frammezzo tutti gli altri Reparti e Servizi dovevano tenere un loro posto prestabilito.
Al nostro Ospedaletto venne infatti ordinato, di occupare lo spazio dietro il Comando di Divisione della Tridentina. Questo in breve, fu il quadro organizzativo generale che nella mente del Generale Nasci, per tutte le forze militari italiane doveva essere rigorosamente osservato per poter affrontare, con il minor numero di perdite possibili, quella che si annunciava come la più difficile e lunga ritirata attraverso le sterminate e gelate steppe russe.

Un'immagine più rilassata. Per il soldato Bosis la Russia è una faccenda ancora lontana...

Erano le ore 11 di sera del giorno 15 Gennaio, fuori sulla strada con temperature oscillanti sui 20° gradi sotto zero, attendavamo, nella fitta colonna di soldati che già da ore era incominciata a sfilare, il passaggio del comando divisionale, dietro al quale era previsto ci dovevamo porre.
Nel frattempo non sto a raccontare qui tutti quei pietosi particolari d'addio che ebbimo coi i nostri 400 feriti che stavamo per abbandonare.
Sono ancora impressionato ricordando il pianto dirotto dell'ufficiale radiologo e dei due portaferiti destinati ad essere abbandonati da tutti col compito di rimanere con i feriti ad attendere l'arrivo dei russi, e a dare l'addio per sempre alla speranza di poter ritornare alle loro case, al bene delle loro madri, delle loro spose e dei loro figli.
Il buon Don Bianchi si è prodigato, tra i feriti sino all'ultimo istante confortandoli e somministrando loro gli ultimi sacramenti. Ad un certo momento lo vidi in fondo ad una corsia, inginocchiarsi e raccogliersi in preghiera; poi si alzò, mise al collo la stola bianca che teneva sempre sul petto sotto la giacca militare, e tracciò nell'aria con la mano destra un ampio segno di croce e pronunciando ad alta voce le parole del perdono di Cristo: *"Ego vos absolvo in nomine patris et fili et Spiritus Sancti"*.
In quel momento siccome capivo, quale ex seminarista, tutta l'importanza di quelle miracolose parole mi sembrò che i feriti si fossero come d'incanto trasformati.
I loro volti mi parvero come radiati di una luce celestiale; i loro vestiti logori e inzuppati di sangue scomparvero ed essi mi parvero in una veste completamente bianca.
Oggi sicuramente godono quel premio duraturo meritato per i tanti sacrifici sopportati per il nobile e sublime fine di servire e difendere la propria patria.

Di un altro fatto mi ricordo e che successe in quegli ultimi e febbrili momenti prima di lasciare per sempre l'ospedaletto. Stavo sulla soglia dell'ospedale con il mio amico Mosca, quando all'improvviso un ferito dall'interno con gran voce, come di uno che avesse cercato aiuto, mi chiamò per nome. Immediatamente mi precipitai da lui ed arrivai appena in tempo a dare un calcio alla mano del suo vicino, un maggiore degli alpini, ed in questo modo fargli cadere la pistola che si era portato alla tempia con l'intenzione di suicidarsi.

"Non voglio cadere vivo nelle mani dei russi, vi prego portatemi con voi" e poi preso dalla paura e dal vergognoso gesto proruppe in un pianto. In quell'istante mi sentii in dovere, di fargli un severo rimprovero, per quell'insano gesto fatto davanti agli altri feriti. "Lei maggiore, quale ufficiale è in dovere, in questi momenti di dare l'esempio ai suoi soldati. Cosi facendo si è come degradato con le sue mani" e aggiunsi: " guardi i suoi soldati con quale spirito di cristiana e patriottica rassegnazione sopportano le loro sofferenze ! non sono forse uguali alle sue ? in questo momento mi vergogno che l'esercito italiano abbia ufficiali tanto vigliacchi !" e poi rivolgendomi a tutti gli altri feriti dissi loro: " Non credete a tutta la propaganda che si è fatta contro i russi. Essi sono uomini come noi e perciò vi cureranno e vi daranno la possibilità di tornare ancora alle vostre famiglie. Solo Dio è padrone assoluto della nostra vita e solo Lui può disporne come vuole". Appena ebbi pronunciato queste parole, l'amico Mosca mi chiamò; era giunto anche per me il momento di accodarmi dietro al Comando divisionale ad iniziare la dura odissea della ritirata di Russia. Una ritirata lunga 4.000 chilometri che, per pochi soltanto, si sarebbe conclusa dopo quaranta giorni di inferno bianco a nord-ovest di Kiev.

Capitolo 5

A questo punto, amico Lettore, permettimi di sospendere per poche righe il mio personale racconto perché ritengo opportuno che tu abbia ad avere davanti ai tuoi occhi, in una sintesi descrittiva, il quadro generale e completo di quella inenarrabile e raccapricciante ritirata. Lungo migliaia di chilometri di steppa gelata, la grande unità italiana, priva ormai di mezzi, quasi senza comando, si scompiglia quasi del tutto. Il ripiegamento è costato la perdita di circa novantamila uomini, tra caduti e dispersi; i feriti e i congelati ammontano a 30 mila. Un terzo circa della forza iniziale dell'Armir era stato ingoiato da quell'immenso Molok di ghiaccio che era la steppa russa. Il primo febbraio del 1943 lo sganciamento dai russi era completato. La strada della salvezza per migliaia di italiani, tedeschi, rumeni ed ungheresi, era stata dunque aperta, soprattutto per il cosciente sacrificio delle nostre truppe alpine. Dice in proposito, una monografia dell'Ufficio Storico dello Stato Maggiore Italiano: "La steppa si presenta sotto l'aspetto più triste di desolazione e di morte. La temperatura oscilla fra i 35 e i 40 gradi sotto zero. Frammisti a reparti, che pur mantengono una certa consistenza organica, un'immensa fiumana di militari di tutte le armi e corpi, estenuata dal freddo e dalla neve, procede verso ovest e verso sud-ovest, attraverso campi, boschi coperti di neve, su strade ingorgate da carriaggi, slitte e automezzi; premuta, attaccata, accerchiata, frazionata e deviata da carri armati, da elementi motorizzati, da cavalieri nemici. Sono uomini al limite di ogni umana resistenza, che una miracolosa forza sostiene, e camminano come automi in colonne che sempre si assottigliano, avendo tre nemici mortali da combattere: il carro, il partigiano, il freddo.

Contro i primi due i più animosi si battono; di fronte al terzo i più deboli soccombono. Nella notte gelida, resa più tormentosa dalla implacabile bufera di neve, molti cadono, stremati di forze, si rialzano, fanno ancora pochi passi, poi si fermano. Alcuni sono raccolti, altri si inginocchiano, pregano, poi reclinano la testa: non occorre più raccoglierli. Suicidi e casi di pazzie, completano il triste quadro. Poche parole che paiono scritte do un poeta e sono, invece, una dolorosa realtà. La storia della lunga ritirata di Russia. Una strada, lunga quattromila chilometri, una immensa pista sanguinosa nella neve e nel ghiaccio, un solco cosparso di migliaia di caduti senza nome e senza Croce.

Capitolo 6

Dopo aver faticosamente camminato tutta la notte in mezzo alla neve giungemmo, alle prime luci del mattino, nella località chiamata Opit. Questo nome, ancora oggi, per me, e sicuramente per quanti hanno vissuta la storia di questa ritirata, rabbrividisce al solo ricordarlo. E' stata la prima tappa e la prima località della nostra marcia e la si potrebbe benissimo chiamare anche il primo cimitero italiano in terra di Russia.

Opit era un piccolo paese composto di sole poche isbe sparse, però la sua posizione naturale offriva una tale sicurezza strategica difensiva che spinse i nostri Comandanti a fermare qui la colonna onde organizzarci e poter rompere il primo anello della sacca.

Infatti era sito al centro di un vasto territorio pianeggiante e circondato completamente da colline. Al paese si poteva arrivarci solamente attraverso due gole: una posta ad Est (dalla quale siamo entrati) e l'altra a Ovest, mentre a Nord ed a Sud era completamente protetto da alte colline.

Come località difensiva era veramente favorevole. Infatti i generali e l'alto Comando presero subito posizione in una casa di legno a due piani ai piedi delle colline a Nord mentre la grande fiumana di soldati, cavalli, muli e carriaggi si riversò su tutto il territorio pianeggiante occupandolo totalmente. Gli Ufficiali e gli uomini del mio ospedaletto, al confronto degli altri Reparti, fummo favoriti dalla fortuna avendo occupata una vecchia isba-stalla sita a Nord-Ovest e precisamente sull'alto argine della gola Ovest che distava soli pochi metri da una folta pineta. Da questa altura dominavamo tutta la sottostante pianura di Opit sino alle colline.

Ancora oggi ho sempre vivo alla mente quel triste panorama che mi si presentò allora ai miei occhi da quell'altura. Quel vasto territorio sottostante, coperto di neve, fu, in poche ore, completamente occupato. Il freddo era intenso e l'aria gelida tagliava il naso e le orecchie. Migliaia e migliaia di fuochi furono improvvisamente accesi e una massa imponente e spettacolare di uomini inermi brulicava sulla neve come tante formiche.

Alpini a Bolzano, in attesa di partire per le steppe russe.

Frattanto i battaglioni degli alpini avevano preso posizione, privi completamente di ogni mezzo corazzato, sulle sommità delle colline circostanti a protezione di eventuali attacchi da parte dei russi. Solo i tedeschi avevano quattro carri armati medi e due grossi Panzer.

Non rammento bene ora come passammo il tempo di quella lunga e penosa giornata, io ed il mio amico Mosca siamo stati quasi sempre entro quella stalla al riparo dell'intenso freddo e dal vento che fuori sibilava quasi come tormenta abbattendosi contro le pareti di fango ed il tetto di paglia. Vennero distribuiti due pasti dalle scorte viveri che avevamo portato con noi sopra una slitta trainata dai nostri quattro muli e che ora erano fuori dall'isba coperti di neve. Siamo restati quasi sempre vicini uno accanto all'altro, senza proferir parola, per riscaldarci. Non mangiammo quasi nulla ma in compenso fumammo molte sigarette e ci sembrava che il fumo fosse il maggior ristoro al nostro fisico abbattuto ed in preda a forte tensione nervosa

Ogni tanto parlavamo dei nostri feriti e dei nostri compagni che avevamo abbandonati a Podgornoye, delle nostre famiglie, dei dolci ricordi passati e dell'incognito destino al quale stavamo andando inesorabilmente incontro. Ad un certo punto Mosca estrasse dal portafoglio una fotografia e mentre stava fisso ammirandola, mi accorsi che dai suoi occhi cominciavano a scendergli grossi goccioloni di pianto. Era la fotografia di sua moglie che aveva sposato prima della partenza per il fronte russo. Con lei aveva vissuto soltanto otto giorni. Allora cercai di fargli animo e di incoraggiarlo più che potetti e lo invitai a riporre nel portafoglio la fotografia.

Guardandomi in faccia e con il singhiozzo che gli si strozzava in gola mi disse: " Michele tu sei ancora giovane e non puoi capire cosa vuoi dire avere a casa una moglie giovane e con la quale aver vissuto soltanto poco tempo ed ora con un minimo di speranza di poterla ancora riabbracciare".

Io invece, al contrario, capivo tutta l'importanza della sua dolorosa espressione perché se pur non avevo a casa una moglie come lui avevo però un padre ed una mamma molto vecchi che forse anch'io non avrei mai più visti. Quante lacrime avevo pure io versato di nascosto pensando alla mia vecchia mamma e nel mio intimo continuamente la chiamavo come fa il bambino quando si trova nel pericolo.

Inizia l'avventura ma per fortuna non siamo in inverno...

In marcia verso la linea del fronte, sempre a piedi...

Capitolo 7

A rompere il silenzio e la monotonia in quella lugubre stalla fu ancora il Don Bianchi, il quale con il suo abituale sorriso sulle labbra cercava con ogni mezzo per tenerci sollevato il morale. Anche gli Ufficiali erano abbattutissimi e senza parola. Ormai non si riconoscevano più perché avevano strappato i galloni e le aquile d'oro da ufficiale. Solamente la grossa croce rossa spiccava ancora sulla giacca del tenente Don Bianchi. Egli non volle assolutamente obbedire al nostro Comandante di togliersi precauzionalmente i contrassegni di Ufficiale e di Cappellano.
"Questa croce non la slaccerò mai dal mio petto anche se mi dovesse costare la vita" aveva risposto secco al mio Capitano. Aveva un carattere fermo e diamantino. Quando si metteva in testa una cosa non c'era verso che gliela facessero cambiare. Non per nulla i nostri Ufficiali lo chiamavano il cocciuto.
Il sole, ancora unico testimone di tante fatiche e sofferenze, stava ormai calando su quella indimenticabile giornata. Subito dopo sopraggiunse la notte. Fu una notte quella non di pace e di riposo ma bensì di ansia, di agitazione e di paura.
Il freddo si era fatto più intenso ed i secchi spari delle fucilate che si sentivano frequentemente echeggiare qua e là nella valle, dalle attente sentinelle accrebbe ancor più la nostra tensione nervosa per cui non riuscimmo a chiudere occhio. Sempre raggomitolati stavamo uno accanto all'altro Il silenzio più assoluto regnava nel fitto buio della vecchia isba rotto soltanto dal lento russare di qualcuno che vinto dalla stanchezza, si era abbandonato al sonno.
Le sfere dei nostri orologi sembravano aver rallentata la loro normale corsa per cui le ore si erano raddoppiate. Ad un certo punto il mio amico Mosca ruppe una lunghissima pausa e mi disse sottovoce: "Michele, tu che le sai, recita alcune preghiere perché voglio che Dio ci ascolti e ci protegga in questo immane pericolo e ci faccia tornare alle nostre case ".

Foto di Livenka il più famoso sobborgo di Nikolajewka

Era l'anelito ed il bisogno naturale di un cuore umano che sentiva di rivolgersi a Dio nel pericolo e nella sofferenza. Infatti, benché nel mio intimo l'avessi già fatto più volte, accondiscesi al suo desiderio e recitai lentamente ed in italiano, per ben tre volte, l'Ave Maria che egli seguì e ripeté devotamente con me. Appena finimmo di recitarle nuovamente, sotto voce ed in tono confidenziale come di chi vuole svelare un segreto, mi disse: " Michele, io ti sarò per tutta la vita riconoscente! Da quando ho avuto la fortuna di conoscere te, io sono radicalmente cambiato. Da quando la prima volta mi hai conosciuto in caserma a Milano e poi per tutto il tempo passato assieme al fronte occidentale ed in quello Albanese, io ero un completo ateo. Non credevo assolutamente in Dio e ti ero sempre contrario quando il nostro discorso cadeva sull'argomento religioso. Però, nonostante ciò, tu mi sei sempre stato vicino e non ha mai rotto la nostra fraterna amicizia. Quando poi in Albania io ti confidai che, da quando feci la mia prima Comunione, ed erano passati ben 18 anni, non mi confessavo più, tu allora non ti sei assolutamente meraviglialo, anzi ha accresciuto la tua amicizia per me ed hai continuamente cercato, non con forme di bigotteria, ma con raziocinata argomentazione di far entrare in me la credenza in Dio. Il giorno di Natale del 1940 in Albania non me lo dimenticherò mai!

Per tutto il tempo della Messa obbligatoria al Campo sentivo in me un qualche cosa di combattivo che non mi dava pace. Quando poi ho visto te e gli altri andare dal Cappellano per confessarvi e prepararvi alla Comunione non ho più potuto resistere ed allora mi precipitai anch'io dal confessore e vuotai tutto il mio vecchio passato. Quando tornai tu eri rimasto ad aspettarmi e poi mi hai presa la mano e me l'hai stretta forte in segno di gioia e quindi siamo saliti insieme a ricevere la Comunione. Te lo giuro. Michele, che in quel giorno ho provato tanta gioia che non avevo provata in tutta la mia vita. Da quel giorno ho cominciato pure ad amare ancora mio padre che sino ad allora, e tu lo sapevi, avevo sempre odiato perché mi aveva, ancora ragazzo, buttato di casa perché aveva sposato un'altra donna ".

Quando ebbe detto ciò mi prese la mano e me la strinse forte quasi a farmi male e poi ripose il capo sull'improvvisato cuscino nel tentativo di riaddormentarsi.

Alle prime luci del nuovo giorno venne distribuito il rancio ed il Cappellano recitò con molto fervore le preci del mattino.

Giù nella pianura, completamente immersa nel denso fumo dei fuochi accesi e dal foschio del presto mattino, regnava ordine e silenzio. Nel cielo, però carico di dense nubi bianche, sorvolavano a bassa quota interi stormi di neri corvi e gracchianti cornacchie quasi a presagire il grande disastro che a momenti doveva avvenire.
Infatti non erano ancora le dieci quando all'improvviso ed inaspettatamente le colline a Sud furono occupate da numerosi carri armati russi che cominciarono ad aprire un intenso fuoco sulla immensa ed inerme truppa della pianura.
Urla, grida e pianti di dolore si elevarono allora al cielo sotto quello infernale fuoco nemico. Come un fiume in piena la gran massa di soldati cominciò a riversarsi in disordine, abbandonando ogni cosa verso la gran gola posta ad Ovest unica via di scampo e di salvezza.
Non c'erano artiglierie anticarro, non c'erano sbarramenti, non c'erano armi speciali da usare contro le corazze dei mezzi pesanti sovietici! Gli alpini d'avanguardia dovettero fare assegnazione su una ridotta artiglieria da montagna, sulle

Stemma della divisione alpina Tridentina.

bombe a mano Balilla e sui moschetti modello 91. Essi furono ugualmente ammirevoli. Talmente ammirevoli che riuscirono a contenere e a fermare quei mezzi corazzati finché tutta la truppa non si pose in salvo nella pianura sita al di là della gola.
Anche la nostra isba fu sottoposta al tiro del fuoco nemico. Un colpo di cannoncino divelse completamente il tetto di paglia. In preda al più indescrivibile terrore stavamo raggruppati dietro alle pareti ancora intatte, mentre tutt'intorno era uno scoppio continuo di granate nemiche. I muli, ancora attaccati alle slitte dei viveri, e con essi i nostri quattro compagni conducenti giacevano già a terra esanimi. Il Don Bianchi allora si alzò in piedi e tracciò su tutti noi un gran segno di croce pronunciando le parole della confessione: "Eco Vos absolvo in nomine Patris et Filii et Spiritus Sancti". Appena ebbe detto ciò una scheggia lo colpì proprio al petto e stramazzò al suolo. Allora il Capitano Grandi gridò: " Mettetevi in salvo nella pineta ". Io e il mio amico Mosca, avvinghiati per mano, non prendemmo quella via già tutta sbarrata dai tiri di artiglieria e dove molti nostri compagni obbedienti persero la vita ma precipitammo verso l'alta scarpata della gran gola e rotolammo giù in mezzo alla neve, abbandonando fucile e viveri, sino in fondo finendo in mezzo alle migliaia di soldati, muli, cavalli, slitte e carriaggi che precipitosamente ed in preda al panico più terrificante correvano verso l'unica via di salvezza.
Miracolosamente scampati da quell'immane pericolo precipitosamente immischiati alla gran massa disordinata di soldati, cominciammo a percorrere quell'immensa pianura completamente coperta di neve e ghiaccio che pareva estendersi sino all'infinito.
L'ansia, la paura e lo spavento provato poco prima nella valle di Opit resero più spediti i nostri passi nella neve e non osavamo affatto voltarci perché ci sembrava che i russi, con i loro pesanti mezzi corazzati, stessero inseguendoci per catturarci e ucciderci.
In quel pauroso frangente e fra tanta confusione l'unico amico che mi restò vicino fu Mosca. Di tutti gli altri dell'ospedaletto perdemmo ogni traccia. Ormai non ci importava più nulla dei compagni e degli ufficiali uccisi o smarriti; l'unica nostra ansia in quel difficile momento era quella di poter percorrere in fretta quella pianura sino in fondo e uscirne salvi da quella lotta tra la vita e la morte. Per tutto

quel giorno e poi la notte successiva camminammo ininterrottamente senza riposare, senza mangiare e senza dormire. Le energie fisiche che ancora tenevamo ci permisero di sopportare, per il momento, sofferenze e privazioni. Lottavamo con tenacia e volontà per superare ogni ostacolo e pericolo per uscire da quell'infernale situazione e portare in salvo la nostra vita.

Era una ritirata inutile, ma non raggiunse mai, a mio avviso, i toni della *debacle*. In quelle ore tristi gli alpini, al contrario dei rumeni, magiari e tedeschi, mostrarono di essere gli splendidi soldati di sempre. Finché non caddero nelle mani dei russi combatterono e ripiegarono compatti, agli ordini dei loro ufficiali, compatti continuarono a combattere e compatti morirono senza un lamento.

Eppure erano tristi giorni che non si conosceva il tepore di una zuppa calda, si sgranocchiavano soltanto gallette trovate nei magazzini svaligiati e si beveva neve, quell'implacabile neve russa nella quale si affondava fino al ginocchio.

Non era umanamente possibile percorrere in tali condizioni più di venti chilometri al giorno, anche perché il ripiegamento era continuamente intralciato dalla confusionaria ritirata dei servizi, delle slitte, dei muli e dei cavalli.

Capitolo 8

Dopo i primi chilometri, i piedi nelle scarpe non li potemmo più tenere, poiché queste per l'intenso freddo si erano ristrette. Allora, seguendo l'esempio di molti, gettammo le scarpe e avvolgemmo i piedi con pezzi di coperta onde averli più liberi ed evitare in tal modo il più grande pericolo, quello del congelamento.

Il sonno più che la fame e la sete era una necessità più dura da vincere. Quando sopraggiungeva la notte, io ed il mio amico Mosca ci attaccavamo alla coda di un mulo e sempre camminando, ci rilassavamo dormendo per ore intere.

Sull'imbrunire del secondo giorno di marcia forzata scorgemmo vicino ad un'isba una nostra autoambulanza ormai semidistrutta e appeso ad una trave della casa un soldato impiccato penzolava cadavere e congelato. Egli era uno degli autisti delle nostre autoambulanze che dal nostro ospedaletto di Podgornoje era partito coi feriti e non fece più ritorno e noi allora credevamo fosse riuscito a porsi in salvo uscendo dalla sacca.

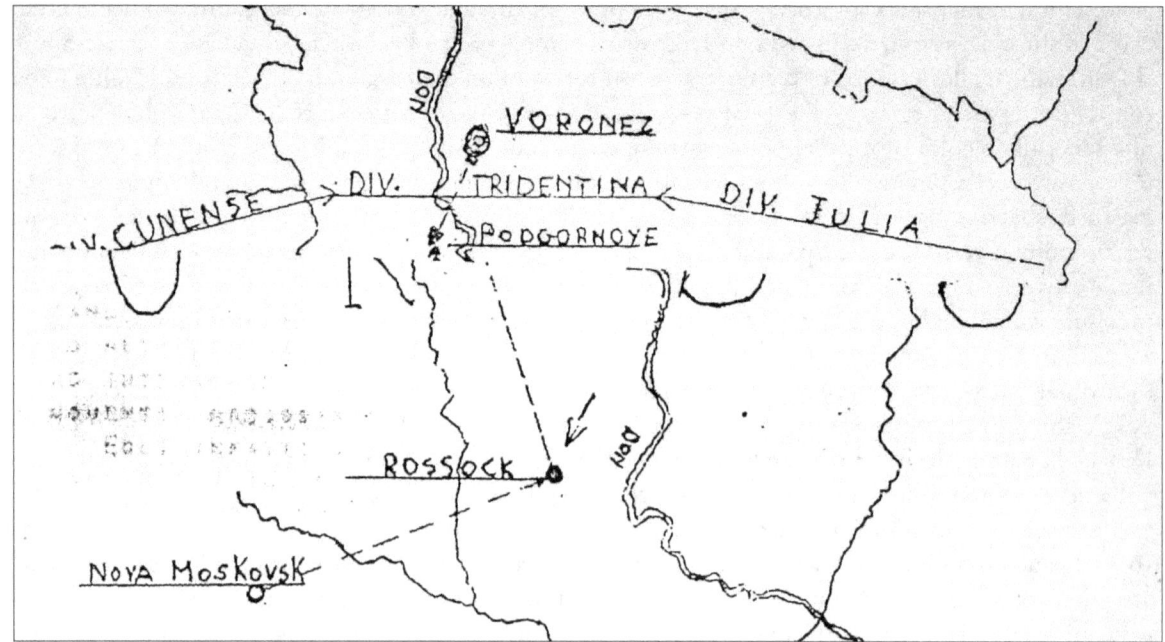

Uno schizzo del fronte russo fatto personalmente da Michele Bosis

Nikolajewka, luogo simbolo della ritirata dell'ARMIR in Russia

Mentre davanti a quella macabra scena stavamo guardandoci in faccia l'un l'altro senza proferir parola per lo stupore, dall'interno di quell'isba uscivano urla e grida di disperazione. Aperta la porta riconoscemmo i nostri feriti di Podgornoje ridotti per le ferite, il freddo, la fame e il dolore in fin di vita. Molti ormai giacevano ammonticchiati cadaveri da un lato e i restanti, immobilizzati a terra privi di forze tendevano a noi le braccia implorando aiuto e soccorso. Davanti a quella pietosissima scena mi si ruppe il cuore dal dolore. Non tenevamo nulla per soccorrerli ed aiutarli e perciò altro non ci restò che malinconicamente socchiudere la porta e riprendere la nostra marcia ponendo egoisticamente in salvo la nostra esistenza.
A questo punto, amico lettore, tu penserai che siamo stati inumani e senza coscienza.
Non è davvero cosi. In quei terribili momenti ognuno cercava con ogni mezzo, anche alle volte brutale, di porre in salvo la propria vita, trascurando completamente quella degli altri. Era un impulso egoistico che nasceva istintivamente nell'animo di tutti e ognuno si augurava di mantenersi sano, in forza e lontano da qualche disgrazia poiché chi ne era per sfortuna colpito inesorabilmente doveva morire.
Quasi ad ogni momento capitava di vedere scene raccapriccianti e dolorose. Soldati che per il freddo, per la stanchezza o per le ferite, si accasciavano sfiniti sulla neve implorando col pianto agli occhi lo aiuto degli altri e nessuno torceva ciglio per guardarli e tiravano avanti abbandonandoli al loro destino. Mi è capitato persino di vedere soldati feriti che si aggrappavano disperatamente alle slitte dei soldati tedeschi, quale ancora di salvezza, e questi per liberarsene gli amputavano selvaggiamente con la baionetta le dita delle mani.
Mentre queste cose inaudite accadevano, in quel momento, a casa, i nostri cari erano attorno alla radio, il bollettino avrebbe forse parlato di scontri di pattuglie sul fronte russo e noi eravamo in marcia sotto la neve, e in preda all'incerto destino nella cruda realtà dantesca dell'inferno bianco della steppa.
Venti sono zero, e il panorama dell'infinita steppa russa, completamente coperta di neve, era quanto di più lugubre si possa immaginare.
Erano passati ormai tre giorni allorché lasciammo Opit, che camminavamo ininterrottamente notte e giorno e le nostre forze fisiche cominciarono sensibilmente a cedere, ignari che era solo il principio della nostra " Via Crucis "

Ad un certo momento, per puro Caso, fra tanta folla conoscemmo il nostro medico Capitano Franzini. Appena ci riconobbe ci abbracciò e proruppe in pianto. In compagnia sua c'era il Generale Reverberi. Comandante della nostra Divisione " Tridentina ", che a nostro avviso, ci pareva fosse allo stremo delle sue forze. Per tutto quel giorno gli prestammo valido aiuto restando egli appoggiato alle nostre spalle onde reggersi e proseguire la faticosa marcia Mi ricordo che durante tutto il cammino non faceva che ripetere " Poveri I miei alpini poveri i miei alpini".

A sera un panzer tedesco con a bordo altri generali, fra i quali conobbi molto bene il Generale Battisti della Cuneense dal suo caratteristico pizzetto si fermo davanti a noi e i tedeschi invitarono il generale a salire.

All'alba del giorno successivo all'orizzonte scorgemmo, con terrore, l'arrivo di caccia russi. All'improvviso tutta la colonna fu a terra, Mosca ed io istintivamente ci buttammo con braccia allargate e gambe divaricate sulla neve vicini ad una slitta. Dopo pochi istanti, quelli, a bassissima quota quasi sfiorandoci cominciarono, sino all'esaurimento delle munizioni, a far fuoco mitragliando ripetutamene l'interminabile colonna

Il rumoreggiare dei velivoli, il crescente gracchiar delle mitraglie ed il sibilo nell'aria delle pallottole che ci passavano vicine, ci diedero l'impressione in quell'istante di essere giunti agli ultimi momenti della nostra esistenza.

Quando indisturbati, essi si allontanarono scomparendo nel grigio cielo di quella indimenticabile giornata e la colonna si rialzò per riprendere più speditamente la marcia si presentò allora ai nostri occhi una terrificante scena fra le più tristi della ritirata.

Molti non si rialzarono più e giacevano esanimi ed immobili entro una larga chiazza di neve rossa tinta dal proprio sangue; moltissimi altri, impotenti a rialzarsi perché feriti, venivano da tutti abbandonati in preda al loro dolore ed al loro destino.

Miracolosamente ancora una volta Iddio aveva risparmiato me ed il mio amico Mosca dalla morte quasi certa. Infatti due dei soldati a noi vicini ed il mulo della slitta furono uccisi ed una pallottola e pochi centimetri sopra la nostra testa aveva perforato da parte a parte la slitta.

Il mattino successivo quegli infernali e maledetti apparecchi ci fecero di nuovo visita provocando altro terrore, ripetendo altra strage e troncando altre speranze di tanti che sino in quel momento anelavano e speravano ancora nella salvezza.

Capitolo 9

Percorremmo ancora alcuni chilometri e giungemmo sfiniti in un grosso villaggio di isbe. Per fortuna questo non era ancora stato bruciato e distrutto. La fame, il freddo e l'estrema stanchezza ci spinse ad andare a bussare all'uscio di ciascuna isba. Fu inutile! Tutte ormai erano già occupate dai primi della colonna e le nostre insistenze non valsero a nulla. In tale frangente mi ricordo che alcuni alpini esausti e anch'essi impossibilitali all'accesso in un'isba occupata dai prepotenti tedeschi appiccicarono il fuoco al tetto di paglia ed alle pareti di legno. In un baleno l'isba si trasformò in un ardente rogo. Solo a mala pena alcuni tedeschi riuscirono a porsi in salvo mentre altri bruciarono vivi lanciando nell'aria acutissime urla di strazio.

Allora il capitano Franzini con altri volenterosi, a noi associatisi, accesero all'aperto un gran fuoco e tutti attorno ci sedemmo riscaldandoci e riposandoci.

Mi accorsi, di li a poco, che un pagliaio vicino si muoveva. Attirai allora l'attenzione del Dottor Franzini e degli altri che subito, incuriositi dello strano fenomeno, cominciarono a rimuovere cautamente la paglia.

Il Franzini e Mosca stavano a breve distanza con la pistola carica puntata verso il pagliaio perché essi pensavano che là sotto dovesse nascondersi un partigiano.

Dopo non molto venne alla luce, con sorpresa e meraviglia di ognuno, in luogo del partigiano una grassa mucca. Dopo tanti giorni che non mangiavamo altro che galletta, quella era la volta buona per porre sotto i denti qualche cosa di buono e gustoso. Il dott. Franzini fece condurre la bestia vicino al fuoco e con un colpo di pistola alle tempia la freddò.
Tutti allora con coltelli e baionette ci precipitammo, come avvoltoi, su di essa. Io e Mosca non perdemmo tempo e asportammo l'intera mammella, carne assai più tenera e più digeribile. In breve tempo della mucca non restarono che le sole ossa e le interiora.
Proprio quando le forze ci venivano meno per la mancanza di cibo la Provvidenza ci aveva assistiti dandoci il minimo necessario per intraprendere la forzata marcia.
Il mattino successivo altri apparecchi ci vennero a fare visita; non più russi, ma tedeschi e italiani Appena la croce uncinala ed i fasci del Littorio apparvero visibilissimi ai nostri occhi sotto alle loro ali, l'immensa ed esausta folla proruppe in un grido di gioia e di pianto. Essi infatti avevano, se pur momentaneamente, rinnovato in tutti i cuori la speranza di una vicina salvezza. Essi per un bel po' sorvolarono

La pesante ritirata nella neve russa

su di noi assistendo sicuramente con amarezza ad una di quelle scene che la storia non ha mai descritto, e io ne sono certo che dagli occhi di quei nostri compagni piloti sicuramente saranno scese lacrime di compassione, osservando migliaia e migliaia di vite umane che verso di loro tendevano disperatamente le braccia in segno di soccorso e salvezza.
Poi il cielo si coprì di centinaia e centinaia di paracadute. Erano grossi bidoni in alluminio contenenti ogni genere di viveri di conforto che scendevano lentamente sopra la folla. Quei viveri furono per molti una fortuna ma nello stesso tempo per altri una sventura. Infatti su ognuno di essi appena toccava terra si precipitava una gran massa di gente affamata. Molti rimasero schiacciati, altri si prendevano a pugni e altri ancora persino si ammazzarono.
Pure io e Mosca ci precipitammo al più vicino bidone lanciato ma quando arrivammo il prezioso tesoro era sorvegliato da una decina di soldati tedeschi che con fucili puntati tenevano minacciosamente indietro chiunque voleva avvicinarsi. Non passarono molti minuti quando all'improvviso alcuni alpini aprirono sopra loro il fuoco dei moschetti freddandoli tutti. Pochi comunque furono coloro che riuscirono ad impossessarsi di alcuni di quei viveri perché, per la gran confusione la maggior parie di loro andò distrutta. Quando tutti se ne furono andati, solo allora noi ci avvicinammo e le nostre ricerche non furono vane perché fra scatole vuote e vetri rotti trovammo sotto la neve un barattolo contenente gallette dolci.
In quel momento ci sembrò di rinascere e di gioire al pari di colui che trova un prezioso tesoro.

Capitolo 10

Dopo cosi tanti giorni di ininterrotto cammino forzato, privati dalla fortuna di poter, almeno per una sola volta, gustare il tepore in un'isba calda onde finalmente riposarci per alcune ore, all'imbrunire giungemmo in un altro villaggio. Anche qui, come al solito, trovammo ogni isba occupata e sbarrata. In questo luogo non potrò mai dimenticare per tutto il resto della mia vita la macabra scena che si presentò ai nostri occhi allorché giungemmo nella piazzetta principale del paese. Immersi in un lago di sangue, giacevano sulla neve una ventina di cadaveri di vecchi, donne e bambini barbaramente massacrati dai tedeschi.

Da altri italiani abbiamo saputo che la loro colpa fu soltanto quella di non aver voluto ubbidire a loro lasciando la propria casa per non morire di assideramento all'aperto. Quasi tutti avevano la testa fracassata ed in faccia erano irriconoscibili. Una donna teneva ancora stretta al proprio petto la sua piccola creatura.

Frattanto la fame, la stanchezza, l'intenso freddo e soprattutto il terribile sonno che ci aveva pervasi, avevano d'un sol tratto stroncata a tutti e due la forza di reggerci sulle gambe. In una parola non ce la facevamo più! Paralizzati in tal senso della volontà a voler proseguire il cammino, dietro ad un pertugio occasionale ci sdraiammo addormentandoci dietro alla parte di un'isba al riparo di un vento gelido frammisto a nevischio.

Sapevamo quello che ci attendeva, e cioè quello di morire di freddo e di sfinimento.

Ma un'estrema stanchezza ci pervase e non ci importava più nulla di morire ma soltanto di soddisfare al naturale bisogno di poter finalmente dormire, dormire e ancora dormire. Alla temperatura di oltre 25 gradi sotto zero, all'aperto, sopra la neve, coperti solamente dai nostri panni umidi dormimmo profondamene, senza mai svegliarci per l'intera notte. Quando aprimmo gli occhi era già mattino avanzato e la gran massa di gente della colonna stava ancora passando. Il buon Dio aveva ancora una volta salvato me ed il mio amico Mesce dalla morte per assideramento.

Quando però mi accinsi ad alzarmi mi accorsi che non potevo più camminare. I miei piedi non li sentivo più; essi infatti erano completamente congelati. Liberandoli dai due pezzi di coperta che tenevo in luogo delle scarpe e vedendoli completamente coperti di enormi vesciche d'acqua pronte a rompersi da un momento all'altro lasciando scoperta la viva carne, scoppiai in tal pianto di disperazione che neppure le buone e confortevoli parole di incoraggiamento dell'amico Mosca valsero a tranquillizzarmi.

Per me ormai tutto era finito! Come d'incanto per me cessava per sempre la speranza nella salvezza. Anch'io fra poco avrei finito i miei ultimi giorni, abbandonato da tutti, su quella maledetta neve, costretto a morire di fame e di freddo!

In quel medesimo istante istintivamente sentii il bisogno di rivolgere una supplica alla Madonna Addolorata del mio paese a tutti tanto cara, che mi avesse ad aiutare.

Allora il mio amico Mosca oltre a rincuorarmi che non mi avrebbe mai e poi mai abbandonato, mi disse di non muovermi dal posto e che si assentava in cerca di qualche aiuto. Infatti di lì a poco lo vidi ritornare con un grosso cavallo fiammingo che aveva astutamente rubato ai tedeschi fuori da un'isba mentre essi si trovavano all'interno per riscaldarsi.

Mi aiutò a montare in groppa ed in fretta ci avviammo immischiandoci alla massa di gente per allontanarci al più presto e far perdere ogni traccia ai tedeschi.

In quell'istante cominciai ancora a sperare e a vivere ed il gesto ammirevole compiuto da Mosca nei miei confronti non lo potrò mai dimenticare e a lui serberò per tutta la vita la mia riconoscenza ed il mio ricordo.

lo sempre in groppa al cavallo e Mosca a piedi conducendolo per mano camminammo per altri due lunghi giorni. Per tutto questo periodo avevamo entrambi gran cura del cavallo come di un essere caro e prezioso; e nell'attraversare , villaggi prima di pensare al cibo per noi, andavamo in cerca di fieno per lui perché egli doveva reggersi e vivere per poter portarci fuori dalla sacca. Quante volte durante il cammino mi avvinghiavo stretto al collo del paziente animale e con le lacrime agli occhi ripetutamente lo accarezzavo e lo coprivo di baci in segno ai gratitudine perché se ancora io vivevo lo dovevo a lui ed esclusivamente a lui.

Alle ultime luci di quel 10 febbraio 1943. il ventiduesimo della nostra ritirata, quando il sole stava calando tingendo di rosso tutta la neve attorno, giungemmo, nuovamente stremati di forze, in un altro grosso villaggio.

Qui voci circolavano che era vicina la salvezza e che solamente un giorno di cammino ci separava dalle salde posizioni tedesche. In quel momento sognavamo già di essere in comodi e confortevoli ospedali circondali da cure di medici e sorelle. In cuor mio però presagivo che questa gioia non l'avrei mai provata e che Dio serbava per me una sequela cosi lunga di patimenti e privazioni che se allora l'avessi saputo certamente avrei preferito morire all'istante.

Mosca non ritenne opportuno fermarsi al villaggio perché eravamo rimasti gli ultimi della colonna e soltanto poche ore ci separavano dal rastrellamento dei russi.

Benché i piedi terribilmente mi dolessero preferivo sopportare tanto dolore ma non contraddire le assennate decisioni dell'amico Mosca. Però appena fuori dal villaggio, attraverso i vetri della finestra di un'isba isolata scorgemmo alcuni nostri vecchi amici i quali ci fecero cenno d'entrare.

Mosca allora fermò il cavallo e presomi sulle spalle mi portò dentro al caldo col proposito di fermarci soltanto per poco tempo. Dopo pochi minuti Mosca uscì per badare al cavallo ma questi non c'era più; sicuramente altri ce lo avevano rubato. Appena ne venni a conoscenza impietrii dal dolore per la sorpresa. Allora Mosca cercò di convincere gli amici ad avere compassione di me pregandoli di prendermi con loro sulla loro slitta. Ma le sue e le mie preghiere non valsero a nulla ed essi se ne andarono senza neppure salutarci.

Rimanemmo pertanto nell'isba solamente noi due. Fuori intanto cominciava a farsi buio. Passarono alcuni minuti restando in silenzio tutti e due. Poi ci abbracciammo uno con l'altro e proroppemmo in un dirotto pianto disperato.

La lunga interminabile ritirata fra il freddo e il gelo

In quella casa eravamo rimasti solamente noi due. Fuori intanto si era fatto buio ed il grosso degli ultimi della colonna era da poco passato.
Ormai per me non c'era più via di scampo e di salvezza. In quel momento mi sentivo un uomo finito e crollava per sempre in me quella speranza che per ben 22 giorni mi aveva sorretto facendomi giungere a sole poche ore di cammino dalla salvezza.
Intanto il mio amico Mosca camminava nervosamente su e giù per la stanza assorto in profonda riflessione. Sicuramente in quel momento stava escogitando se c'era ancora una benché minima possibilità per nuovamente aiutarmi.

Capitolo 11

Vista vana ogni sua possibilità si sedette a terra vicino a me; prese il mio capo e stringendolo a sè mi disse: "Michele, tu lo sai che per molti anni noi siamo sempre stati sinceri amici. Solo io so quanto tu hai fatto per me da quando ti ho conosciuto e mi sei stato amico! Ora è giunto il momento di dimostrarti la mia riconoscenza e la mia gratitudine. Ho pensato molto in questi istanti e ho fermamente deciso. Io non ti abbandonerò mai; resterò qui con te e mi farò prendere prigioniero con te". A questo punto gli otturai la bocca con la mano impedendogli di continuare a parlare. Poi con voce imperiosa frammista a singhiozzi di pianto per commozione di quanto di più eroico e di più sublime era uscito dalla sua bocca, lo esortai ripetutamente a desistere dal suo folle proponimento.
" Tu sei sano " gli dissi "e puoi ancora camminare. Tu hai a casa una giovane moglie che ansiosamente ti aspetta e ti desidera. Tu non hai il diritto di sacrificarti per me. Tu devi proseguire il cammino e devi ritornare in Italia e lasciare per sempre questa dannata terra. Quando ti sarai messo in salvo ti chiedo un grande favore: scrivi alla mia mamma ed al mio papa che il loro Michele è sano, lavora e sta bene e che i russi gli vogliono tanto, tanto bene e appena finita la guerra sarò da loro e li aiuterò per tutto il restante della loro esistenza e da loro non mi separerà più nessuno anche se mi dovesse costare la vita".
Se in coscienza quanto gli avevo detto era puro senso di responsabilità e giustizia però egoisticamente in cuor mio avrei voluto che egli mi fosse sempre rimasto vicino specie in quel momento perché di lì a poco sarei rimasto tragicamente solo, abbandonato da tutti ed in balia del mio incerto e crudele destino.
Sebbene con rammarico, con insistenza lo esortai ad andarsene al più presto senza perdere altro tempo prezioso ed avere ancora la possibilità di raggiungere gli ultimi della colonna ed evitare le insidie e i pericoli della notte.
Egli teneva molti oggetti preziosi addosso che io non avevo mai avuto la fortuna di avere in vita mia. E, mentre, a malincuore, si accingeva a lasciarmi per sempre mi lasciò cadere nelle mie mani il suo orologio d'oro, la penna stilografica, il braccialetto e alcuni pacchetti di sigarette dicendomi: "Questo è tutto quanto possiedo; tienili perché ti potrebbero far comodo e servire in prigionia ".
Poi ancora alcuni abbracci frammisti di pianto indi, in fretta, uscì dall'isba. Sentii fuori, ancora per alcuni istanti, il suo svelto passo che si allontanava e poi più nulla.
Il silenzio della notte aveva avvolto ogni cosa. Ormai ero rimasto solo col mio dolore, col mio pianto, con la mia disperazione e con la mia impossibilità di camminare.
Partendo da questo punto del mio racconto, amico Lettore, non sentirai più menzionare il nome di Rocco Mosca. Quello che avvenne in quella indimenticabile sera fu per sempre l'ultimo nostro addio. Infatti dopo tre lunghi anni e mezzo di prigionia miracolosamente io ebbi la fortuna di ritornare, ma il mio amico Mosca non tornò più.
Probabilmente in quella notte, proprio quando stava per varcare il confine della salvezza e si vedeva ormai fra le braccia della propria moglie, il crudele parabellum di un partigiano russo lo aveva barbaramente freddato.
Pensandoci ancor oggi altamente mi rammarico di non aver detto a Rocco di rimanere con me e forse

L'infinita fila di uomini e animali. La maggior parte non arriverà mai a casa...

saremmo tornati tutti e due salvi. E' proprio vero che i destini di Dio sono imperscrutabili.
Per tutto il tempo della mia vita resterà incancellabile per sempre nella mia mente il caro ricordo di colui che per me, per tanto tempo, fu il più fedele, il più sincero, il più altruista ed il più grande degli amici.
Rimasto completamente solo nel buio di quella stanza mi distesi sul pavimento cercando di riposarmi. Ma al pensiero che i russi sarebbero giunti da un momento all'altro per catturarmi, il mio corpo tremava tutto e nel petto il cuore mi batteva tremendamente forte. Il dolore ai piedi era insopportabile e la fame nuovamente cominciava a farsi sentire. Momenti talmente tragici e terribili furono quelli che davvero non auguro a nessuna creatura del mondo.
All'improvviso un rumore di passi proveniente dalla stanza attigua mi fece sobbalzare. Sentii aprire cautamente la porta e inaspettatamente, ecco comparire un'anziana donna russa che reggeva con una mano un lumicino e con l'altra teneva per mano un ragazzo sui 10 anni. Quella appena mi vide trasalì, ma poi vedendomi in quale stato pietoso e malconcio mi si avvicinò e mi chiese a quale nazionalità appartenessi. " Italianski " le risposi prontamente. Quella allora si rincuorò e sparì dal suo volto quella paura che aveva provata allorché mi vide solo nella sua casa. "Italianski carasciò " sorridendo mi disse e poi mi chiese prontamente se avevo fame, se ero ammalato o se ero ferito ed io accennavo di sì col capo a tutte le sollecite domande che ella mi faceva senza proferir parola. Poi dalla gran gioia di aver trovato ancora una persona tanto buona e caritatevole che si interessava dei miei mali, proruppi ancora in pianto. Fece portare dal ragazzo della paglia che accuratamente cosparse su un vecchio tavolaccio posto in un angolo della stanza e poi mi aiutò a salire e a sdraiarmi sopra. Chiuse ermeticamente la porta e gli scuri delle finestrine; accese un gran fuoco e fece bollire delle patate.

Capitolo 12

Il ragazzo intanto aveva familiarizzato con me e standomi seduto vicino con il mio cappello di alpino in testa mi tempestava di domande sull'Italia e sulle canzoni italiane. Quando poi la pietosa donna, che io avevo cominciato a chiamare mamma, mi tolse dai piedi i due pezzi di coperta e vedendoli ormai ridotti ad una sol piaga purulenta rabbrividì e si mise a piangere di compassione. Prese dell'acqua calda e delicatamente me li disinfettò ed asportò tutto l'abbondante pus puzzolente che usciva dalle piaghe. Fatta questa operazione provai un gran sollievo. Poi me li avvolse in morbide pelli di pecora. L'alto senso di riconoscimento verso quella mia seconda mamma fu tale che le presi la mano e ripetutamente baciandogliela la lavai di abbondanti lacrime. Nuovamente in me era nata ancora una volta la speranza e la voglia di vivere.
Ormai era notte avanzata, fuori si sentiva soltanto il fruscio del vento fra gli alberi gelati; la donna allora accese un lumicino davanti ad un quadro di una Madonna bizantina posta sulla parete di fronte. Stette immobile davanti ad Essa per alcuni secondi, sicuramente pregava per me e per la mia famiglia. Affettuosamente mi augurò la buona notte ed un buon riposo, il ragazzo mi diede un bacio in fronte e poi tutti e due si ritirarono nell'altra stanza.
Per quanto cercassi di rilassarmi per addormentarmi, assolutamente non ci riuscivo tanta era l'apprensione e la paura che istintivamente nasceva in me pensando che da un momento all'altro potevano arrivare i russi per portarmi via con loro.
Non passò molto tempo quando all'improvviso sentii un rumore di passi svelti che s'avvicinavano all'isba; poi quasi subito ripetuti colpi alla porta mi fecero agghiacciare il sangue nelle vene. Non aprii bocca anzi trattenni persino il respiro.
Subito dopo nuovamente con più forza ed irruenza ripresero a bussare.
Quando la donna russa, svegliatasi, andò ad aprire entrarono nella casa due giovani tedeschi perfettamente sani ed equipaggiati e con un grosso zaino sulle spalle. Contro ogni mia aspettativa non usarono questa volta alcuna prepotenza. Non chiesero né cibo, né acqua ma subito si sdraiarono sul pavimento mettendosi profondamente a dormire.
Data la loro giovanissima età e le loro condizioni di salute era per me spiegabilissima la loro incosciente tranquillità prendendosi il lusso di assaporare un dolce dormire in una notte talmente fatale ed insidiosa di pericoli e che per loro doveva di li a non molto tramutarsi in un tragico destino.
Nuovamente il silenzio era sceso su ogni cosa. Quella notte mi parve lunga quanto un'eternità!
A tratti mi addormentavo vinto dalla stanchezza ma quasi subito sobbalzando di spavento, mi svegliavo ansimante ed in preda ad un freddo sudore che mi colava giù dalla fronte. Più volte, in quella notte, forse svegliata dalle mie disperate grida di aiuto, mi vidi comparire davanti la pietosa donna russa che con amorevolezza mi prendeva la mano cercando di tranquillizzarmi e delicatamente mi metteva delle pezze di acqua fredda sulla fronte.
Il diavolo non è poi tanto brutto come lo si dipinge, dicevo tra me stesso e quindi i russi non saranno poi tanto crudeli ed inumani ad obbligarli a seguirli trovandomi nell'assoluta impossibilità di camminare; mi lasceranno in questa casa, presso questa donna fino a quando sarò del tutto guarito, oppure avranno sicuramente buon senso di trasportarmi, su di una slitta, ad un posto di cura più vicino.
Questi ed altri erano i pensieri che passavano alla mia niente in quelle ore d'insonnia e che cercavo di far prevalere su quelli di terrore che nel contempo istintivamente nascevano nel mio animo in opposizione ai primi, conseguenza logica di una sottile propaganda fascista e nello stesso tempo anticomunista.
Finalmente quella indimenticabile notte era passata e fuori le prime luci dell'alba segnavano l'avvento di un nuovo giorno che per me sarebbe stato l'ultimo della mia libertà.
La donna russa intanto si era già alzata ed aveva aperto gli scuri delle finestre e mi aveva dato a bere un po' di "ciai " caldo.

D'improvviso, giù tra il folto gruppo delle isbe del paese, cominciò una fragorosa sparatoria e nella calma del presto mattino giungevano a noi, ben distinte, fra i secchi colpi di pistole e fucili, alcune grida di disperazione frammiste a quelle imperiose di comando.
La donna allora uscì dall'isba per accertarsi su cosa stava per succedere e quando rientrò mi disse: " Ruschi iest "(sono arrivati i russi).
A quelle parole impietrii! E dentro di me non feci altro che ripetere " sia fatta la volontà di Dio ".
Nel frattempo i due tedeschi che avevano tranquillamente dormito tutta la notte si erano svegliati e venuti a conoscenza dell'arrivo imminente dei soldati russi, in fretta, avevano prese le loro cose e precipitosamente lasciarono la casa.
Appena furono fuori, forse vedendosi sbarrata ogni via di scampo, essendo tutta la zona circondata dai russi, sentii ben distintamente contare sino a tre in tedesco e poi un secco rumore di colpi di pistola contemporaneamente.
Quei due giovanissimi tedeschi stoicamente si erano portati l'un contro l'altro le proprie pistole alle tempia e si sono vicendevolmente, sparati suicidandosi. La conferma di quanto asserisco l'ebbi quando, poco tempo dopo, uscii prigioniero dall'isba e fui costretto a passare sopra i loro cadaveri dalle cui tempia usciva ancora il caldo sangue mentre tenevano stretta in pugno la rivoltella.
Ancora non mi restavano che soli pochi preziosi minuti a mia disposizione… e poi sicuramente sarebbe arrivata inesorabilmente anche per me la fine.
Istintivamente rivolsi ancora un pensiero a Dio e poi alla mia mamma lontana; indi mi abbandonai nelle mani della Provvidenza aspettando con rassegnazione tutto ciò che per destino sarebbe stata la mia futura sorte.

Capitolo 13

Alcuni istanti dopo sentimmo nuovamente bussare con forza alla porta e contemporaneamente, al di fuori, una voce gridava: " Voinà plein iest? " (ci sono prigionieri di guerra?).
A quelle parole trasalii e ricevetti un tal colpo che per poco non svenni. Non v'era più alcun dubbio! Questa volta si trattava veramente di soldati russi in rastrellamento.
La donna russa che in quei momenti non si era mai allontanata e mi era stata vicina, mi strinse forte una mano in segno di farmi coraggio e poi tutta preoccupata e spaventata, corse precipitosamente ad aprire.
Intanto io, immobile ed impotente su quel giaciglio, con in petto il cuore che mi si spezzava dallo spavento, non sapevo come ricevere i russi e ritenni più opportuno chiudere gli occhi per dare così l'impressione come di uno che stesse per dormire profondamente. In fede mia in quell'istante mi sentivo profondamente umiliato lasciandomi catturare in tal maniera meschina. Gli istinti interni di reazione mi portavano a reagire adoperando quelle due bombe a mano che tenevo ancora indosso.
Sicuramente se non mi fossi provvidenzialmente trovato in quello stato di assoluta impotenza fisica, la mia storia sarebbe terminata a questo punto, come infatti successe a tanti altri italiani, in quello stesso paese ed in quella stessa notte, che opposero resistenza e trovarono in cambio una immediata e barbara morte.
Sentii allora il cigolio dell'uscio che si apriva e poi i pesanti passi di qualcuno che mi si stava avvicinando. Un improvviso e forte scossone al fianco mi fece spaventosamente svegliare dal mio finto sonno.
Vidi allora davanti a me un giovane russo in divisa bianca, alto di statura ed armato sino ai denti. Teneva il fucile a tracolla, il parabellum sotto il braccio ed una pistola in pugno
Col suo sguardo truce sempre addosso e con grossa ed imperiosa voce mi comandò di alzarmi e subito mi chiese a quale nazionalità appartenessi e se ero armato.

...non che l'inizio dell'avventura militare fosse stato un divertimento. Fango e gelo una costante.

A quelle domande naturalmente risposi che ero italiano e che non tenevo armi. Improvvisamente sogghignò e pronunciando la parola " italianschi " mi sputò in faccia e mi disse: " Drugai rubasca ciorni " (un'altra camicia nera).
In tono convincerne subilo gli risposi: " nieto fascista, iest soldat " (non sono un fascista ma un soldato) e poi cercai di spiegargli che non ero un soldato combattente ma che appartenevo alla sanità e che ero in possesso del cartellino internazionale della Croce Rossa col quale non dovevano farmi prigioniero ma che dovevo prestare servizio negli ospedali russi perché il mio compito era quello di curare i feriti. Quegli non mi volle ascoltare e prendendomi il tesserino lo stracciò riducendolo in piccoli pezzi.
Cominciò poi bruscamente a perquisirmi da capo a piedi. E con serenata cupidigia e avidità, come di chi non avesse mai visto cose simili al mondo, mi portò via intascandoseli uno ad uno tutti i cari oggetti, orologio compreso, che il amico Mosca mi aveva, con tanto affetto, donato prima di lasciarmi per sempre.
Infine mi trovò anche nelle tasche posteriori della giacca le due bombe a mano " Balilla " che portavo indosso sin dal primo giorno della ritirata. Stringendole forti nelle sue mani me le picchiò sotto il naso facendomi male e, come un forsennato, cominciò ad urlare lanciandomi una sequela di parolacce in russo a più non posso perché gli avevo mentito.
Dopo avermele con rabbiosa violenza ripetutamente picchiate in testa le consegnò al ragazzo che stava tutto impaurito in un angolo della stanza ordinandogli di buttarle fuori nella neve.
Indi rivoltosi nuovamente a me e indicandomi l'uscio d'uscita, più volte e con voce minacciosa mi disse: " Nu davai davaipascli " (su in fretta alzati e cammina).
Quelle parole provocarono in me lo stesso effetto come di tante pugnalate e mi fecero prorompere in diretto pianto. Tra i convulsi, i singhiozzi e le abbondanti lacrime gli mostrai i miei piedi ridotti ad una sol piaga e con le mani giunte in segno di indulgenza e supplica ripetutamente lo pregavo ad aver pietà di me e lo scongiuravo a non obbligarmi a seguirlo poiché ero nell'assoluta impossibilità di camminare.
In quel momento anche grazie alla buona donna russa, che sino ad allora non aveva proferito paro-

la, intervenne energicamente in mio favore e disse al soldato di usare buone maniere ed avere di me compassione poiché ero ammalato e congelato e gli giurava persino che si sarebbe presa ella stesso la responsabilità di portarmi al più vicino campo di concentramene allorquando sarei stato guarito.

Ma questi non la volle ascoltare, anzi, per togliersela dinanzi, le diede un tal spintone che la mandò a sbattere contro la parete opposta della stanza. E, mentre il ragazzo, che aveva assistito alla brutale scena, mandava urla di pianto vicino alla madre caduta a terra, il soldato mi puntò rabbiosamente la pistola addosso e mi intimò di scendere e camminare.

Ormai bisognava rassegnarsi ed ubbidire al russo!

Le lacrime, le preghiere, le suppliche e persino gli interventi della donna non valsero a nulla e non erano riuscite a far breccia sul cuore di pietra del soldato che stava li ritto in piedi come una tigre pronta ad avventarsi sulla preda.

Ad un tratto, vedendomi sempre esitante e indeciso a lasciare il mio giaciglio, mi afferrò brutalmente per la giacca e mi scaraventò con forza sul pavimento.

Rimasi a terra disteso ed immobile in preda ad un immenso dolore.

Nuovamente mi venne vicina la donna la quale, curvatasi su di me mi mise nelle tasche della giacca patate bollite avanzate la sera prima e poi asciugandomi il viso mi diede un grosso bacio in fronte.

Poi camminando con le mani a terra e con le ginocchia mi avviai verso l'uscio d'uscita.

Capitolo 14

Davanti all'aspetto triste e desolante della steppa, completamente coperta di neve e lastre di ghiaccio, che mi si presentò allorquando l'uscio venne spalancato, ed al freddo intenso che provai da quella prima ondata gelida di vento che fuori rabbiosamente ancora soffiava quasi a tormentosa ed implacabile tormenta, di colpo mi fermai e non volli più proseguire.

In quell'istante mi mancò completamente il coraggio di varcare la soglia per dover nuovamente sopportare le sofferenze del freddo ed affrontare un barbaro cammino, dovendo affondare ginocchia e mani nella neve e perciò, in cuor mio giurai di non obbedire al russo a costo di farmi ridurre a pezzi, ma di restare anche morto in quella calda isba.

Con voce grossa e minacciosa il russo cominciò allora ad urlare come belva lanciandomi contro una sequela di rabbiose parole.

Rimanendo vane le sue minacce e constatando la mia ostinatezza a non voler uscire dall'isba, mi diede un tal potente calcio nel sedere che mi fece addirittura sorvolare i tre gradini dell'uscio mandandomi ad affondare, a guisa di un qualsiasi oggetto inerte, nella neve rossa, ancora intrisa di fresco sangue, vicino ai due cadaveri tedeschi che poco prima si erano vicendevolmente, con grande coraggio suicidati

Ormai a questo punto mi si presentava un inevitabile binomio che dovevo risolvere e che decideva per sempre della mia sorte e del mio destino!

O starmene fermo al mio proposito di non voler camminare, trovando sicura morte, o rassegnarsi ad ubbidire e sperare d'aver salava la vita.

Non c'era perciò tempo per pensarci sopra e bisognava decidere subito ed al più presto!

Dietro alle insistenti minacce del russo, ai frequenti colpi col calcio del fucile che ricevevo sulla schiena ed anche sorretto da una innata speranza di trovare altri esseri umani più compassionevoli e meno barbari di quello che mi stava dinanzi ripresi con rassegnazione a camminare.

Le mani e le ginocchia che lentamente affondavo nella neve, mi si erano talmente intirizzite che avevo perso la loro completa sensazione.

Camminai in tal maniera, come una bestia a quattro zampe, per circa un chilometro e cioè sino al posto di raduno di tutti i prigionieri catturati in quella notte.

Qui all'aperto, su una vasta area completamente ghiacciata, sita a centro del villaggio, centinaia di

Non che i tedeschi fossero messi molto meglio, avevano però molti più mezzi e un miglior equipaggiamento.

prigionieri italiani, tedeschi, ungheresi, romeni ed altri, già si trovavano raccolti in attesa di essere nuovamente perquisiti e poi incolonnati. Infatti, davanti ad un ufficiale e ad un gruppo di soldati, uno alla volta si veniva in modo del tutto inumano: perquisito, interrogato, insultato e beffeggiato.
Ad ognuno veniva tolto ogni cosa, la più utile e la più cara di ciò che gli era ancora restata: zaino, coperte, scarpe, pastrani con pelo, orologi, catenine, portafogli, ecc. e persino strappate sotto ai propri occhi le fotografie della mamma, della sposa, dei figli e della fidanzata.
Immediatamente mi immischiai nel folto gruppo dei prigionieri per togliermi dalla sorveglianza dei soldati russi che costantemente ci tenevano le armi spianate addosso. Mentre fra essi mi aggiravo e con attento sguardo osservavo ognuno nella speranza di poter ritrovare qualcuno dei miei vecchi amici, constatai solo allora che moltissimi erano congelati, feriti e mal messi e perciò nelle mie stesse condizioni di assoluta impossibilità di dover camminare.
Ad un tratto, i pianti ed i forti lamenti di un prigioniero attirarono la mia attenzione!
Si trattava di un soldato italiano, appartenente alla Divisione Vicenza. che al momento della sua cattura, una partigiana russa gli aveva selvaggiamente amputate, con una sciabola, le estremità delle dita di entrambe le mani perché aveva sul principio fatta resistenza e poi per essersi rifiutato di cederle l'orologio.
Stava seduto a terrò in preda ad un indescrivibile dolore. Teneva le mani penzolanti a terra; e dai polpastrelli lacerati delle dita sgorgava un tale abbondante flusso di sangue che la neve attorno si era completamente tinta di un rosso vivo.
In mezzo a tanta confusione nessuno si curava di lui ! Sul suo volto ormai si notavano i segni di un tal dolore che stava per tramutarsi in cupa disperazione.
Mi avvicinai a lui e cercai di confortarlo; poi con delle pezze, procurate con l'estremità della sua camicia, gli avvolsi completamente le mani e gli legai i polsi con dei lacci cercando in tal maniera di tampo-

nare il sangue fermandogli l'emorragia ed evitargli una sicura morte per dissanguamento.
In quell'istante, considerando pure lo stato in cui pur io ero conciato, mi ritenevo, di gran lunga, più fortunato di lui; e pertanto ringrazierò sempre Iddio d'aver avuto la sorte di essere stato fatto prigioniero da un uomo anziché da una donna.
Sembrerebbe cosa incredibile! Eppure, ne ebbi conferma poi più tardi dalla testimonianza di molti prigionieri sopravvissuti che si arresero ad una donna. Molti vennero barbaramente uccisi sul posto stesso, altri morirono quasi subito per percosse e ferite ed altri infine portavano ancora stampati addosso evidenti segni di crudeltà.
Avevo appena terminata l'opera caritatevole verso quel mio connazionale quando un " davai " mi risuonò forte e secco all'orecchio.
Spaventato, di scatto, mi voltai e mi trovai di fronte un ufficiale russo:
"Ciassi-iest? " (Hai l'orologio?) ripeté con voce grossa e minacciosa.
" Nieto ciassi! Sciò zabrali " (niente orologio. Tutto mi hanno rubato) gli risposi.

Capitolo 15

Allora egli con la punta dello stivale mi colpì forte sotto il mento obbligandomi ad alzare la testa da terra e a guardarlo bene in faccia.
Fu allora che d'un tratto estrasse la sua arma e, non badando a scrupoli, me la spianò contro dicendomi: " Ti uffizier! " (tu sei un ufficiale!), mentre col mento indicava alcuni cadaveri insanguinati vicino ad un albero poco distante freddati da poco da una rabbiosa girandola di raffiche perché ritenuti degli ufficiali.
Le vistose stellette sul mio cappotto lo avevano indotto a credere che io fossi un vero ufficiale e pertanto, con insistenza, mi chiedeva di confessare la verità. Ripetutamente gridava fuori di sé dicendomi: " Ti uffizier! Ti uffizier! " (Tu sei un ufficiale! Tu sei un ufficiale!).
Ma io in quel momento non capivo più nulla! Mi ritenevo un uomo ormai spacciato! Allora m'aggrappai forte ai suoi stivali e con convulsa voce frammista a forti singhiozzi di pianto gli gridavo con quanta voce tenevo ancora in gola: " Iest pravda, tavarisc! Nieto uffizier! Nieto uffizier! " (E' la verità, compagno! Non sono un ufficiale! Non sono un ufficiale!).
In quel momento vedevo solo l'arma puntata contro di me. La pressione della canna sulla schiena si faceva più insistente e più forte. " Ora preme il grilletto " pensai " e ho finito di vivere per sempre. Sia fatta la volontà di Dio! ".
Mi raccolsi per un'ultima preghiera e poi scoppiando nuovamente in grida di pianto quasi a rassomiglianza di disperazione, mi distesi completamente sulla neve come per mettermi in posizione di eterno riposo. Le lacrime, le grida, le insistenze e quel gesto inconscio mi salvarono la vita.
Davanti a tanto dolore e a tanta disperazione l'ufficiale russo alla fine mi credette ed abbassò l'arma. Poi presomi per il collare del cappotto, con prepotenza, mi buttò malamente fra il gruppo dei prigionieri già perquisiti e già incolonnati.
Anche questa volta, grazie al cielo, ebbi ancora una volta miracolosamente salva la vita!
Quando le operazioni di perquisizione furono terminate il sole era già alto.
Il plotone dei soldati russi caricarono ogni cosa sequestrata su di una grossa slitta e si allontanarono lasciandoci come guardiani alle nostro costole tre soldati di razza mongola dagli occhi a mandorla sprizzanti veleno e fuoco di vendetta e dalla faccia vaiolata.
Immediatamente sotto il loro secco ed intimidatorio comando, tutti i prigionieri, circa duemila, vennero inquadrati per cinque: davanti e indietro i più sani ed in mezzo i feriti ed i congelati. Poi un "davai" che risuonò alto nell'aria come un ruggito di belve, avviò la colonna verso le retrovie.
Da parte di tutti non una maledizione, non un gesto di esasperata reazione!
Prigionieri eravamo in marcia verso l'incerto destino. Prigionieri, ma non umiliati!

Quanto durò quella marcia? Durò quanto può durare una marcia di trenta chilometri con la neve al ginocchio, con lo stomaco vuoto, con il freddo che vi entra nelle ossa e con le armi spianateci addosso pronte a colpirci ad ogni istante!

Fu proprio durante quel lungo e curo cammino che sotto la continua e rabbiosa sorveglianza di quei tre cattivi soldati mongoli, insaziabili di vendetta, assistetti a degli episodi di vera e rara tragicità e per i quali la colonna, a mano a mano che i chilometri passavano, andava sempre più assottigliandosi. Quegli esseri che lentamente camminavano incolonnati, curvi per il freddo, la fame, la stanchezza e ridotti allo estremo delle proprie forze, non erano per quei russi degli esseri umani come loro, ma soltanto ed unicamente delle bestie che si possono uccidere quando si vuole.

La marcia era forzata e durava un ora e quaranta minuti con soste di sole dieci minuti per prendere fiato. Però io non mi potevo riposare neppure uno dei preziosi minuti. Camminando sempre a quattro zampe perdevo facilmente contatto con il grosso ed allora durante i dieci minuti di sosta ne approfittavo per portarmi in testa alla colonna.

Era pericolosissimo staccarsi dagli altri! Voleva dire la fine della propria esistenza!

Tutti infatti coloro che non si reggevano più per ferite e congelamenti e per conseguenza rimanevano indietro, non un atto di compassione per loro, non una slitta per caricarli sopra e portarseli appresso, ma venivano barbaramente uccisi e lasciati sul posto in pasto ai corvi.

Capitolo 16

Chi stramazzava esausto riceveva una pallottola nella testa!

Cadevano uccisi a bruciapelo rimanendo uno accanto all'altro, senza che potessero difendersi. I nomi? Non si sapranno mai!

In questo modo trovò pure la morte il soldato della " Vicenza " colle dita amputate e che avevo poco prima assistito e curato. Forse per lui è stato quanto di meglio avrebbe desiderato poiché, in tale maniera, metteva fine ad un dolore che mi è impossibile immaginare. Quante volte mi sono ritrovato anch'io fra costoro perché perdevo contatto con il grosso della colonna; però grazie sicuramente all'assistenza della Vergine Addolorata che in quei momenti intensamente pregavo, ho ricevuto soltanto delle calciate di fucile sulla schiena e mi risparmiarono la vita.

Quasi subito, ma a debita distanza, scorgevamo borghesi russi, uomini e donne, che si precipitavano sovra i cadaveri, ancora caldi, di coloro che venivano, a mano a mano uccisi dalla rabbiosa raffica dei nostri aguzzini, spogliandoli, con sfrenata avidità, dei loro vestiti lasciandoli completamente ignudi sul grande lenzuolo bianco della neve. Tanta era la brevità del tempo che sicuramente avranno spogliato gente che non aveva ancora resa l'anima a Dio ed era ancora viva.

La temperatura era sempre sui 20-25 gradi sotto zero! Nonostante le alte grida delle guardie a voler accelerare l'andatura, la colonna procedeva lenta. Stanca e sfinita.

L'interminabile pianura bianca che si estendeva davanti a noi offriva un panorama fra i più lugubri e tragici che si possano immaginare!

Durante tutto il percorso, sulla neve, si scorgevano a centinaia i resti di cadaveri e carogne di muli.

Al nostro passaggio folti sciami di corvi neri e gracchianti cornacchie che lasciavano momentaneamente la preda per ritornarci poi indisturbati a terminare il loro pasto.

Dopo varie ore di forzato cammino arrivammo, con sollievo in vista di un grosso villaggio. In un primo momento abbiamo creduto che fossimo arrivati ma di lì a poco, ci accorgemmo che la nostra marcia non doveva qui aver fine.

Quando arrivammo anziché proseguire il nostro cammino ci toccò camminare per un'altra ora, compiendo per ben due volte l'intero perimetro della cittadina costringendoci a passare in tutte le vie davanti agli occhi della popolazione che, con sfrenata sete di rivalsa, si sfogò lanciandoci contro ogni sorta di insulto e persino sputi e percosse.

Tutti infatti, al nostro passaggio, si erano riversati fuori dalle proprie isbe, comprese le donne, i vecchi ed i fanciulli e tutti portavano in volto i segni dell'ira, dell'odio e della vendetta.

Non un gesto da pace delle guardie di scorta a voler impedire tal maltrattamento, anzi erano loro stessi che istigavano ed incitavano la popolazione alle grida, agli insulti e alle minacce.

Mi ricordo che ad un tratto, un robusto giovanotto, sui 17 anni, mi sollevò con forza da terra e dopo d'avermi gridato forte negli orecchi: " Kaput Mussolini e Kaput Hitler " mi coprì l'intera faccia con un grosso sputo.

Un tedesco vicino a me ricevette un potente pugno nella schiena che stramazzò a terra.

Tendevamo pietosi le mani verso i ragazzi ed i fanciulli per cercare almeno da loro qualche cosa da mangiare ma anche questi ci compensavano con lanci di pallottole di neve.

Quell'umano senso di pietà che non dovrebbe conoscere confini nè barriere politiche, in quei momento compresi che non l'avrei mai più trovato.

Però pur in mezzo a tanta cattiveria e a tanta ferocia qualcuno poté ancora mendicare un pezzo di pane ed un poco d'acqua, offerti di nascosto da mani generose di anziane donne russe.

Ripensando ancor oggi a quel triste episodio d'essere stati costretti a passare in mezzo ad un tal umiliante carosello d'insulti, di improperi e parolacce, coprendoci della più ignominiosa vergogna, ricordo che nel nostro intimo, nella nostra personalità e nel nostro amor proprio si era aperta una tal profonda ferita che il suo dolore superava in quell'istante il dolore fisico del freddo, dei congelamenti, della sete e della fame.

In quel momento non eravamo più degli esseri umani per loro ma soltanto e solamente dei disgraziati, dei delinquenti e persino degli assassini.

Capitolo 17

Quando lasciammo quel villaggio della " vergogna " era quasi il tramonto. Il cielo si era fatto di un color grigio cupo ed intenso, e la neve ricominciò lenta ed implacabile a cadere.

Riprendemmo la " marcia del davai " e camminammo per la notte intera.

Si procedeva barcollando! Ora la fame più che il freddo cominciava a farsi sentire. Da quanto tempo non si mangiava? Da quanto tempo non si buttava nello stomaco qualcosa di caldo? Per quanto tempo dovremo ancora camminare ?

Avevamo percorso moltissima strada sulla neve, lasciandoci alle spalle tutti coloro che non erano più in condizioni di reggersi in piedi. Ormai la colonna era ridotta di quasi un terzo.

Alle prime luci del mattino ci imbattemmo in una lunga colonna di pesanti carri armati ed autocarri carichi di truppe, uomini e donne, che al grido di " Kaput Hitler " e " Kaput Mussolini " si dilettavano al tiro al bersaglio con spari e raffiche di piombo.

Come se già non fossero bastati il freddo, le privazioni, le percosse e la fame a decimare la colonna, ora le allegre fucilate, frammiste a sataniche risate, sparate dai mezzi blindati aumentavano il numero tragico di coloro che ci lasciammo per sempre sul cammino percorso.

Ad un certo momento, quando gli ultimi mezzi stavano per passare ed il pericolo sembrava scongiurato, assistetti ad una tal macabra e straziante scena di volontario omicidio che ben difficilmente riuscirò a dimenticare per tutto il restante della mia esistenza.

Davanti a me, a circa dieci metri di distanza, un gigantesco carro armato improvvisamente s'impennò e poi mandando un gran fracasso sterzò di colpo e a tutta forra irruppe, con diabolica vendetta nella nostra compatta colonna attraversandola completamente.

Improvvisamente si sentì solo un altissimo urlo di grida disperate elevarsi nell'aria facendoci agghiacciare il sangue nelle vene; poi tutto piombò nel più lugubre e profondo silenzio interrotto soltanto da forti lamenti, pianti e singhiozzi di coloro che videro passare davanti ai propri occhi una spaventosa morte ed ebbero miracolosamente salva la vita.

In pochi secondi una decina di prigionieri finirono per sempre la loro giovane esistenza rimanendo orribilmente schiacciati, maciullati e stritolati tra i possenti cingoli d'acciaio del carro armato.
Quando, poco dopo, per continuare il cammino, fui costretto ad affondare mani e ginocchia nella calda neve intrisa ed inzuppata di fumante sangue umano e frammista di minutaglie di resti umani, solo allora mi resi conto a quale triste e tragica fine andarono incontro i miei compagni di sventura. Altri ignoti caduti ! I loro nomi ? Nessuno potrà mai saperlo!
Anche questa volta per questione di pochi metri ebbi fortunatamente salva la vita!
Però sentivo che le forze, a mano a mano che i chilometri passavano, mi venivano meno. Se non arrivavamo in serata a destinazione sentivo dentro di me che non ce l'avrei più fatta. I piedi, ancora avvolti nelle pelli di pecora, mi dolevano forte, le mani non le sentivo più per il freddo e sulle ginocchia si era formata una lastra di ghiaccio. Oltre alla farne ora cominciava a farsi più terribile anche la sete. Ormai la neve non la si poteva più mangiare. Appena la si avvicinava alla bocca immediatamente procurava il senso dell'urto e del vomito.
La gola era tremendamente arsa e le labbra secche. Durante l'attraversamento di un piccolo villaggio passammo proprio vicino ad un pozzo dove due donne russe stavano attingendo dell'acqua.
Alla vista di quell'acqua, in un baleno, tutta la colonna disperatamente e disordinatamente si precipitò verso le donne attorniandole e implorando da bere. Queste sul principio accondiscesero e cominciarono a distribuire un poco di acqua a tutti.
Ma poi per la gran confusione e per il gran disordine, vedendosi spinte e schiacciate contro il muricciolo del pozzo, abbandonarono i loro secchi e si allontanarono. Tanta era l'ansia e la voglia di poter almeno bagnare le labbra con un po' d'acqua che dai secchi era più quella che andava per terra che quella che riuscivano a bere. Frattanto io. non potendo reggermi in piedi, da lontano, morivo dalla gran voglia di bere e invidiavo coloro che riuscivano fortunatamente a mettere alla bocca secchi traboccanti di acqua fresca
Chissà cosa avrei dato in cambio in quel momento per una sola sorsata di acqua fresca. Sicuramente anche la mia stessa vita.

Capitolo 18

Sull'imbrunire, grazie al cielo. giungemmo stremati a Nova Woskol.
Anche in questa cittadina russa dove sicuramente una volta fioriva la vita, ora tutt'intorno regnava un immenso squallore ed una inverosimile distruzione.
Ovunque erano cumuli di macerie ancora fumanti, auto e mezzi motorizzati sventrati e sconquassati e l'aria opaca odorava ancora di bruciato. Il fatto era evidente: qui si era da poco combattuta una formidabile e cruenta battaglia! Ovunque c'era soltanto la morte. I pini e le betulle erano quasi tutti mozzati, bruciati e sradicati da terra con tutte le radici. La pianura circostante e le case erano morte e quasi completamente deserte, i corpi degli uomini uccisi erano innumerevoli e seminati un po' ovunque immersi nel ghiaccio arato da centinaia di proiettili. Amici e nemici giacevano accanto ed avevano la stessa coltre di neve. Per ore sicuramente essi avevano usato forza e destrezza, e tutti avevano perduto in quel gioco aspro nel quale avevano puntato la vita. Si erano battuti ognuno per la propria causa ed ora stavano insieme, alcuni ancora avvinghiati nel duello sotto la rossastra luce del freddo tramonto.
Erano corpi e volti che non si muovevano più. Erano vittime mietute. Erano stati uomini. Ora sembravano statue immobili e nelle più strane posizioni. Sino a poco prima erano stati uomini sani e pieni di vita ed avevano pensato, respirato, amato, odiato e si erano battuti sino allo spasimo. Adesso erano affondati nella bianca neve come oggetti abbandonati. Qua e là si scorgevano alcune capanne che fumigavano ancora. Un fumo nero e oleoso si levava da un grosso capannone, dove erano visibili le carcasse carbonizzate di alcuni camion. Sulla strada principale che metteva nella cittadina erano ammucchiati

Sfiniti e prossimi alla fine. Michele stesso riportò seri congelamenti perdendo alcune dita dei piedi.

cadaveri e gran quantità di armi di ogni genere. Alcuni artiglieri tedeschi si erano fatti scannare sui pezzi. Erano atrocemente mutilati. Due sproporzionate katiuscie montate su grossi camion stavano con le larghe bocche per aria e sembravano scheletri di mostri aggrediti dal ghiaccio. Ogni katiuscia aveva otto bocche e da ogni bocca, sino a poche ora prima, sicuramente saranno sprizzate centinaia di bombe a razzo che avevano seminato la morte nella circostante pianura.
Nel groviglio dei cadaveri riconobbi alcuni borghesi russi, uomini e donne, falciati dalla stessa raffica. La vendetta di Stato aveva, inesorabilmente e senza alcuna pietà, colpito anche coloro che, pur essendo russi, erano rimasti vicini alle truppe fasciste.
Davanti a tanto orrore non osavo più alzare gli occhi da terra e proseguivo lentamente il mio cammino con la speranza in animo di trovare un posto in quella squallida cittadina ove riposare. Tutti quei corpi sparpagliati a mucchi, quei miseri resti umani maciullati e carbonizzati che giacevano insepolti in balia del ghiaccio, degli avvoltoi e dei topi mi fecero salire il sangue al cervello. Ormai ero stanco di vedere morti, morti ancora morti e sempre morti! Giunti che fummo alle porte della cittadina ci toccò camminare ancora per circa un'ora attraverso le anguste e tortuose vie della cittadina, costretti un'altra volta dalla famigerata scorta ad una sorta di gogna davanti agli occhi dell'intera popolazione superstite. Finalmente arrivammo davanti ad un massiccio fabbricato, raro esemplare di costruzione in muratura, e sulla piazzetta antistante ci ammassarono davanti ad un Commissario del Popolo il quale ci rivolse un discorsetto in russo che poi non fece alcuna fatica nel tradurlo in tedesco ed in italiano. " Per voi la guerra è finita, state tranquilli, sarete trattati benissimo " : questo, in sintesi, era il succo del suo discorsetto. Parole sprecate!
Mentre le vane parole del russo risuonavano secche e scandite nell'aria, io per la gran debolezza mi distesi completamente sulla neve ghiacciata e con gli occhi increduli, sbarrati nel vuoto guardavo ammirato il grande e tozzo fabbricato che in quel momento mi si ergeva di fronte. Non credevo a me

stesso che quella casa sarebbe stata forse la meta del nostro cammino e che entro quella finalmente avrei potuto riposare e ricominciare a sperare di vivere.

Sopra il portone centrale era posta una grande scritta: "CARCERI DI STATO ", i grossi muri erano quasi tutti frantumati. Da come quelle " carceri " erano conciate mi convinsi che esse servirono come l'unico e ultimo baluardo di resistenza da parte dei tedeschi prima di dovere abbandonare la cittadina. Appena il russo ebbe finito di pronunciare il suo discorsetto e diede l'ordine di entrare, tutti scoppiarono in un gran grido di gioia sfrenata, poi disordinatamente quasi accavallandosi un sull'altro precipitarono nell'interno.

Io con alcuni altri congelati e ammalati entrammo per ultimi.

Nell'interno trovammo ogni cella completamente occupata. In ognuna di esse vi stavano strettissimi e stipati una quarantina di prigionieri per cui era impossibile trovarlo un sol posto libero.

Restammo immobili senza proferir parola nell'angusto e semibuio corridoio rischiarato soltanto da una fioca luce che pioveva dall'alto da alcuni finestrini senza vetro.

Frattanto guardando in fondo al corridoio rimasi colpito da una tragica scena. In una piccola botte di legno vi stava conficcato con la testa in giù il cadavere di un soldato tedesco. D'improvviso mi distolse da tal macabra visuale il Commissario russo il quale ci invitò a seguirlo. Ci portò in fondo al corridoio e ci fece posto proprio nell'ultima cella. Entrati che fummo trovammo oltre alle fitte tenebre e gelo una gran sporcizia; poi la pesante porta in ferro, cigolando sui cardini si chiuse rumorosamente e dall'esterno si sentì il girare della grossa chiave dentro la serratura

Capitolo 19

Confusi, intirizziti dal freddo acuto e con gli occhi ancora abbagliati dal candore della neve, sul pavimento sporco della cella stavamo sdraiati a terra a somiglianza di tanti animali.

Il tempo passava pesante e pochi si accorsero del lento passare delle ore e della tormenta che stava scatenandosi fuori nella notte. Anche i dieci gradi sotto zero che vi regnavano ci parvero un dolce tepore, in confronto della temperatura esterna.

Più che la fame e la sete e gli acutissimi dolori del congelamento, poté il sonno che immediatamente si impossessò di ognuno. Infatti non passò molto tempo che quasi d'incanto, quella prigione piombo nel più assoluto silenzio che incuteva quasi paura. Lo spazio era talmente ridotto che non potendosi muovere ognuno doveva stare coricato su un fianco. Ora stretti uno accanto all'altro, tutti profondamente riposavano avvinti da una tal stanchezza sopravvenuta dopo due infernali giornate interminabili costretti ad affondare, strisciare e macinare chilometri e chilometri di ghiaccio in una massacrante, lunga e disastrosa marcia. Il sonno infatti lenì ed attutì i crampi della fame e le arsure della sete e scacciò persino i terribili pensieri che agitavano le menti.

Io però, non riuscivo a prendere sonno. Sentivo un forte bruciore ai piedi che ero riuscito finalmente a liberare dalle pelli di pecora e scandivo il tempo, minuto per minuto, mentre il vento filtrava gelido attraverso i finestrini senza vetro sui corpi raggomitolati dei miei compagni di sventura. Ogni tanto sentivo il convulso singhiozzo di alcuni che piangevano e si contorcevano con i pantaloni a mezza gamba per la dissenteria. Il fetore delle feci e degli escrementi era in parte mitigato dal vento rabbioso e gelido che penetrava dall'alto.

Rimanendo sempre immobile, accartocciato e rannicchiato nel mio angolo cominciai a pensare. Non fui capace di rivolgere il pensiero al futuro e mi rivolsi al passato. Pensai a tutto quello che avevo lasciato in Italia e che ora mi sembrava più lontano. Contai le settimane, i mesi e gli anni trascorsi. Ricordai mia madre, mio padre. le mie sorelle ed i miei fratelli. I ricordi affioravano impetuosi e la mia memoria continuava a popolarsi di immagini. Zanica, il mio caro ed adorato paesello: la mia dimora alla " Cascina Campagnola " circondata da una vasta, silenziosa e ridente campagna pianeggiante e lussureggiante di ricca vegetazione: Quarto d'Asti, il paese dove avevo lasciato la ragazza che tanto amavo. Franca, una, ragazza gracile ma dotata di grande intelligenza e di un grande amore. Frugai nella memoria per trovare volti amici, nomi e date; mi rividi', come d'incanto, nella Scuola Apostolica dei Sacerdoti del Sacro Cuore di Albino, dove trascorsi i miei cinque anni di ginnasio. Rividi tutti, uno ad uno. i colleghi, gli alunni, i professori e provai, per soli pochi istanti, la sensazione di rivivere i verdi anni di studio, di svago e di preghiera, trascorsi felici in quell'Oasi incantevole di pace e di silenzio. Anche la figura dell'amico Mosca mi apparve alla memoria, col suo volto gioviale e sorridente e con lui tutti i cari e dolci ricordi per i quali ci avevano legati in una sincera, profonda e fraterna amicizia. Col mio fantastico vagare cercavo continuamente di sfuggire al presente, alla prigione, alla cella, al freddo ed alla Russia, ma ero continuamente trascinato alla realtà da quel pavimento di pietra, lurido e immondo, occupato dai corpi dei dormienti che ogni tanto si animava. Qualcuno infatti si alzava e si rifugiava nell'angolo in fondo per fare i propri bisogni.

Il profondo silenzio della notte, ogni tanto, era rotto all'improvviso, dalle grida disperate di alcuni che rimanevano colpiti da evidenti segni di pazzia e di disperazione. Picchiavano con tutta forza i pugni contro le grosse porte di ferro facendo un gran fracasso e le urla e le imprecazioni si confondevano alle bestemmie più orribili. Mi sembra ancora di sentirli ! Gridavano: " Aprite! Aprite! Aprite' Abbiamo fame! Abbiamo sete! Qui si muore dal freddo' Aprite siete degli assassini ! Si dei luridi assassini, degli sporchi stalinisti ! Tutti. Tutti. Tutti assassini! ". Poi, quando per un po', in tal maniera, si erano sfogati sprecando le poche energie che ancora possedevano, crollavano a terra esausti, sfiniti e dalla gola cominciavano ad emettere un rauco rumore. Era il rantolo della morte.

Al di fuori delle celle nel corridoio non si sentiva nessuno. Evidentemente i nostri carnefici ci avevano rinchiusi lasciandoci soli, con la nostra fame, con la nostra sete, con il freddo, con la nostra disperazione, con i nostri dolori, con i nostri feriti, con i nostri moribondi e con i nostri morti ' Ci avevano abbandonati senza darci alcuna assistenza. Essi intanto si saranno riparati al caldo di qualche isbà, a rimpinzarsi sino alla gola e a riposarsi, noncuranti di coloro che stavano rinchiusi In quelle porche e luride celle, simili a bolge infernali.

" D'ora in poi " dicevo tra me. " si parlerà di tutto tranne che dei fatti riguardanti la sporca storia che stanno scrivendo".

Finalmente quella indimenticabile ed infernale notte stava per terminare!

Quando la luce filtrò dalle inferiate dei finestrini, stretti e lunghi come tante feritoie, nella mia cella furono contati due morti. Vidi altri che boccheggiavano e chiedevano acqua e altri ancora che giacevano svenuti.

In quel mentre si sentì fuori in fondo al corridoio un gran fracasso di chiavi. Finalmente il portone centrale delle carceri si spalancava con un rumore di ferraglia.

Capitolo 20

Subito dopo anche le porte delle celle, con gran sollievo di tutti, vennero finalmente spalancate. Le prime luci di quel presto mattino mettevano fine a quell'infernale nottata!

Precipitosamente, come liberati da una morsa mortale, trascinandosi sul pavimento, e mal reggendosi in piedi, ci riversammo disordinatamente, ammonticchiandoci uno addosso all'altro, nel buio ed angusto corridoio. Poi, sotto le sferzate e le acute intimazioni ed irritanti grida dei nostri aguzzini, ci ricomponemmo in colonna e lasciammo per sempre quelle luride carceri.

Dove andremo ora? Dovremo, nuovamente sopportare le angustie, i disagi e le sofferenze d'una nuova massacrante marcia? Sotto questo incubo spaventoso molti non volevano lasciare quel posto e presero molte sferzate.

L'aria di quel presto mattino era talmente fredda e pungente che tagliava la faccia. Passammo attraver-

Una interminabile fiumana umana che di umano conservava ben poco...

so una fila di casette bianche, allineate e compatte e fummo tormentati dal profumo del pane appena sfornato. Poi attraversammo un ponte ed infine costeggiammo un tratto di ferrovia i cui binari erano in parte divelti.
Di tanto in tanto giungeva il latrato di qualche cane. Ora Italiani, Tedeschi, Magiari e Romeni di nuovo si erano confusi gli uni agli altri e tutti si aiutavano, stentavano a camminare, strascicavano i piedi, procedevano come sonnambuli con i corpi chinati in avanti, barcollavano e cercavano di stare uniti per non crollare. Tutti lottavano disperatamente per sopravvivere! I più deboli erano portati avanti di peso dagli amici un po' più in forza.
Anch'io non ce la facevo più! - Sentivo dentro di me che ero ormai giunto allo stremo delle mie forze e lentamente tutto il mio essere stava cedendo. Ancora forse qualche chilometro di cammino e
Avrei esalato il mio spirito nelle mani di Dio.
Finalmente giungemmo davanti ad un edificio giallo a due piani sito all'estremo nord della cittadina. Dovevo avere la febbre. Stavo sudando. Il sudore mi congelava e mi raschiava le ossa. Due sentinelle armate di parabellum stavano ai lati del portone grigio. Quasi subito da esso uscì un uomo piccolo, biondo e rasato da poco che le guardie appena lo scorsero scattarono immediatamente sull'attenti. Era un anziano Commissario. Portava gli occhiali con montatura d'osso nero e indossava con cura l'uniforme blu-notte. Nel berretto blu un po' stretto per la sua grossa testa, spiccava un piccolo nastro rosso scuro. Anche le mostrine della giubba erano rosse e ornate di blu. Sul petto aveva nastrini e medaglie e sul braccio le insegne dorate di Commissario del Popolo. Con voce forte e secca così ci disse: " Non potevo lasciarvi in quelle carceri. Ho pensato di trasferirvi in queste scuole. Qui sarete protetti dal freddo e vi sdraierete su pavimento di legno. Oggi stesso ho dato disposizione che vi venga data della zuppa e del pane". Quelle poche parole ma piene di tanta comprensione e bontà ci colpirono profondamente. Era la prima volta, da quando fummo fatti prigionieri, che sentivamo dire parole tanto confortevoli da parte di un russo. Ancora una volta, proprio in extremis la Provvidenza ci venne in soccorso mandan-

doci quell'uomo russo, raro esempio di bontà.

Infatti subito dopo venimmo convogliati entro un grande e spazioso stanzone con al centro due grossi pilastri. Le strette e alte finestre, dalle quali pioveva all'interno una gran luce, erano complete di vetri ed erano ermeticamente chiuse. Lungo le quattro pareti e vicino ai due pilastri era sparpagliata in gran quantità della paglia di segala.

A quella vista non credevamo ai nostri occhi. Sembrava una cosa addirittura inverosimile. Poi anch'io come gli altri, scoppiando in un gran pianto di gioia, mi tuffai in quella paglia distendendomi completamente e rimasi, per un po' immobile, beatificandomi di un tale immenso ristoro. Ora eravamo più tranquilli. Eravamo ancora stanchi, sfiniti, pallidi ed infreddoliti, ma ci sentivamo più sicuri. Adesso eravamo tra quattro mura e non eravamo esposti al gelo mortale ed agli implacabili soprusi degli aguzzini. Immediatamente come colti da gran sfinimento, la gran parte di noi si addormentò subito, russando copiosamente ed a lamentarsi nel sonno. Anch'io avevo una gran voglia di dormire, ma non vi riuscivo per il gran prurito e dolore che improvvisamente mi si era sprigionato agli arti inferiori: avevo i piedi e le gambe gonfie.

Nonostante lo stato di debolezza in cui mi trovavo e nello stesso tempo conoscendo benissimo a quali tristi conseguenze poteva portare il congelamento ai piedi ed alle gambe e cioè alla cancrena e essere, di conseguenza, in poco tempo spacciati, chiamai a raccolta le pochissime energie che ancora tenevo e mi misi energicamente a massaggiare i polpacci e le cosce. Infatti non tardò molto che il sangue cominciò nuovamente a circolare per gli arti.

Pur provocandomi un insopportabile dolore quasi a rasentare lo spasimo più acuto, però nel contempo stesso gioivo e singhiozzavo di gioia perché poneva fine e spariva per sempre l'incubo ed il dubbio più tormentoso di aver perso per sempre tutte e due le gambe. Ringraziai veramente di cuore ancora una volta Iddio d'avermi salvato da tale terribile disgrazia.

Molti altri invece ebbero conseguenze molto disastrose poiché di lì a poco i loro arti cominciarono ad andare in cancrena e a puzzare come tante carogne. Fecero una morte fra le più dolorosi e le più strazianti.

Però poco dopo entrò dalla porta principale, con gran sorpresa di tutti, il buon Commissario che, fedele alla sua promessa teneva in mano una grossa pagnotta ed un coltello. Appresso lo seguivano due giovani guardie con un cesto di pane fresco appena sfornato.

Capitolo 21

Ricevemmo tutti dalle sue mani un bel pezzo di pane fresco e dopo di quello, quasi subito, un barattolo di zuppa calda fatta di sola acqua e farina. Per quanto fosse molto poco quel cibo per soffocare, almeno in parte, la grande fame che tenevamo indosso, pere esso contribuì efficacemente ad infondere nell'animo di tutti la speranza che le cose d'ora innanzi potessero cambiare e la voglia ci lottare per la sopravvivenza. Assaporammo quel pane come dolce e preziosa manna mangiandolo adagio, adagio e di esso nemmeno una briciola andò persa.

Era finalmente il primo cibo che ricevevamo dai russi dopo giorni e giorni di assoluto digiuno da quando restammo catturati! Non ci rendevamo conto di quanto stava succedendo. Credevamo ancora ad una illusione e non alla vera realtà.

Dopo aver assaporato tanta gioia, sempre in preda ad acuti dolori ai piedi, cercai nuovamente di distendermi per riposare. All'improvviso la voce di un prigioniero che stava altercando con un compagno giù in fondo allo stanzone. Non mi parve nuova alle mie orecchie, anzi mi sembrò addirittura di riconoscerla. " Forse è la voce di Cornali " pensai subito dentro di me. Di scatto lo chiamai con quanta voce avevo in gola e questi subito mi raggiunse trascinandosi carponi sul pavimento.

Quando mi fu vicino restammo per qualche istante immobili fissandoci in volto l'un l'altro e poi scop-

piando ambedue in scrosciante pianto ed esplodendo in un unico ed esuberante esclamazione di gioia ci abbracciammo stretti restando per un bel po' avvinghiati senza proferir parola. Mi mancano le parole adatte e sufficienti per descrivere un avvenimento di sì grande importanza per me in quel momento e cioè la grande gioia che provai nel ritrovare casualmente un caro e grande amico. Si trattava di Bruno Cornali di Milano; era del mio stesso ospedaletto da campo e prestava servizio in qualità di cuciniere e cameriere alla mensa campale degli Ufficiali.
Al pari del Mosca anch'egli era legato a me da un sincero affetto d'amicizia.
Aveva una voce bellissima! Quando cantava faceva restare incantati chiunque lo ascoltavano compresi gli ufficiali. Infatti da borghese cantava nell'orchestrina di uno dei migliori alberghi di Milano: l'albergo Margherita. Con lui pure avevo condiviso nei 5 lunghi ed interminabili anni della naia, giorni felici ed allegri e passati momenti brutti e pieni di pericolo. Era un bravo ragazzo dotato di un carattere d'oro e socievole. Verso lui mi sentivo legato anche da un sentimento di profonda riconoscenza perché per lui ero il solo ad essere favorito usufruendo degli avanzi della mensa degli ufficiali in momenti tanto difficili e pieni di fame ai fronti specie in quello Greco-Albanese. Lui lo sapeva che ero di famiglia molto povera e che non ricevevo mai dalla mia famiglia nessun vaglia ed ogni tanto mi regalava anche qualche soldo ed anche qualche licenza l'ho passata a casa sua per non essere di peso alla già tanto provata mia famiglia.
Do quando lasciammo Podgornoye e dopo il disastro di Opit il destino ci separò e non ci siamo più rivisti durante la lunga ritirata. Ora la Provvidenza aveva esaudito le mie preghiere ed il mio grande desiderio di farmi trovare, dopo aver rinunciato altruisticamente a Mosca, il secondo amico e con lui essere sorretto nei dolori, nelle sofferenze e nei patimenti. Non mi sembrava ancora vero quanto era avvenuto! Eppure Bruno stava li sdraiato accanto a me e con lui scambiavo ricordi e facevo domande circa la sorte capitata ai nostri compagni ed ai nostri ufficiali. Gli raccontai la storia di Mosca e ricordammo assieme la fine eroica del nostro cappellano Don Bianchi. Poi mi ricordo che nominava spesso la sua cara mamma vedova e continuava a ripetere, scuotendo la testa: " La mia mamma non la vedrò, più! Sento che le mie forze stanno per cedere e sento di non potercela fare a sopravvivere! ".
Infatti era, al pari di me, ridotto in uno stato da far pietà; aveva anch'egli i piedi completamente congelati ma per fortuna si trattava di uno stadio di 20 grado; il suo volto era scarno, macilento e coperto da una folta e lunga barba che lo rendeva quasi irriconoscibile. Proprio lui che gli ufficiali chiamavano il " damerino ".
Continuamente singhiozzava e piangeva ed usciva all'improvviso in violenti imprecazioni contro la guerra, il destino ed i russi. Cominciai allora a calmarlo, a confortarlo e a tenerlo su di morale. Anch'io mi sentivo ora più tranquillo e più sereno; avevo qualcuno a me vicino con cui scambiare parole amiche e pronunziare giudizi dando sfogo a sentimenti che istintivamente nascevano nell'animo.
Intanto nello stanzone si era fatto un po' di silenzio e tutti si erano sdraiati e riposavano nel letto di paglia. Bruno invece non riusciva a dormire e mi raccontò una ad una tutte le atrocità che aveva visto commettere dai russi durante i massacranti giorni di marcia della sua colonna. Egli infatti era stato fatto prigioniero nello stesso giorno mio, però in un altro paesino. Aveva fatto un altro percorso e i resti della sua colonna arrivarono proprio quando noi avevamo preso posto all'interno delle scuole. Anche la sua era una grossa colonna all'inizio ma ben presto si assottigliò e venne decimata per gli orrendi eccidi di coloro che non potevano camminare.
Intanto mi accorsi che Bruno aveva chiuso gli occhi e si era addormentato. Anch'io poco dopo mi addormentai profondamente, vicino a lui, quando la mia mente fu libera da tristi pensieri.

Michele Bosis, non fu il solo zanichese sotto le armi ad aver partecipato alla campagna di Russia. Come testimonia questo attestato segnalatoci dalla figlia Antonia, Pietro Sangaletti, fu tra Questi. Dopo aver fatto la campagna di Grecia e Albania venne dirottato in Russia come testimonia il fregio a due spade in alto sulla sinistra. Altri, che ricordo furono il tenente medico Mario Fustinoni e Vittorio Benigni.

Capitolo 22

Quando ci svegliammo era già giorno! Avevamo profondamente dormito tutta la notte. Era successo davvero una cosa insolita. Infatti anche le sofferenze, le più atroci, vengono sopite da un avvinghiante ed arretrato sonno.

Nello squallido e spoglio stanzone filtrava già la luce del giorno. Faceva molto freddo. Tutti stavamo raggomitolati con le ginocchia sin sotto la bocca entro la paglia, uno vicino all'altro, per suddividersi vicendevolmente un po' di calore. Il sole che filtrava attraverso i vetri era troppo debole per scaldare almeno le mani che erano intorpidite e gonfie dal gelo.

Ad un certo momento l'unica grande porta d'ingresso violentemente si spalancò e ghignando un alto fusto di sergente russo comparve accompagnato da un prigioniero italiano e così ringhiò: " Il Commissario non c'è più; se n'è andato. Ora il vostro Comandante sono io! Come interprete e dottore vi presento questo prigioniero italiano a lui dovrete rispetto ed obbedienza come ad un russo! Pagnemaj? (avete capito?) ". Poi sbattendo gli stivali sull'impiantito scricchiolante dello stanzone di scatto s'allontano.

Mentre l'improvvisato comandante prigioniero stava traducendo in italiano quanto il russo aveva detto, l'amico Bruno ed io restammo incantati nel guardarlo. Con somma sorpresa riconoscemmo che era uno del nostro stesso ospedaletto da campo. Si trattava dell'infermiere alle dipendenze del tenente Dott. Franzini.

Egli infatti era il primo infermiere di due grosse tende dell'ospedaletto per gli ammalati di medicina. Benché non avessi avuto a che fare con lui poiché io ero l'infermiere della Sala operatoria alle dipendenze del tenente chirurgo Dott. Pisello, però, per ragioni di lavoro che ci legavano in comune, ci conoscevamo a fondo e da anni. Tuttavia con lui non mi ero mai legato da un vero senso e vincolo di amicizia poiché gli piaceva rimanere solo, era sommamente superbo e sprezzante credendosi il più bravo di tutti. Anche coi malati non era molto comprensivo e paziente ed era anche piuttosto prepotente. Comunque però come infermiere era molto bravo.

Chi cade muore...

Siciliano, si era sposato ancor prima d'esser chiamato alle armi ed aveva già una bambina. Durante i pochi mesi di fronte in terra russa, studiò con opuscoli e vocabolarietti che si faceva mandare dall' Italia, il russo; e frequentando continuamente case russe ben presto, un po' alla volta, con costante volontà riuscì ad apprendere talmente bene la lingua russa che gli permise di cavarsela molto bene e questa fu appunto qui la sua fortuna. Quando venne catturato dai russi riuscì, perché appunto parlava molto bene il russo, ad accattivarsi la loro simpatia e la loro benevolenza. Ma quello che però non doveva mai fare era di presentarsi in qualità di medico.

Infatti egli spudoratamente quando lo catturarono dichiarò di essere dottore e di aver esercitato tale professione in un ospedale da campo. Bugia questa che non gli perdonammo mai, ma che i russi bevettero fino alla fine quando insieme fummo rimpatriati.

Questa sua abusiva affermazione di dichiararsi laureato lo portò conseguentemente a commettere, fra i prigionieri, errori su errori, sbagli su sbagli, tali da fargli commettere veri e propri delitti. Avremo modo e tempo nella descrizione del nostro racconto di citare e far conoscere alcuni di questi orrendi fatti e mostruosi delitti. Il tutto per l'unico scopo di continuare nell'errore, di non rompere l'amicizia coi russi, di riempirsi lo stomaco tutti i giorni, di godersi la libertà al pari dei russi, di conservare egoisticamente la propria esistenza a discapito di quella dei suoi compagni di sventura. Aveva insomma raggiunto nella sua vita quello che aveva sempre desiderato.

Di lui conosco bene il nome e la sua residenza ma il suo nome non l'ho mai svelato ad alcuni. Qualcuno mi ha tacciato di debolezza e di vigliaccheria perché dovevo denunciarlo al momento del nostro rimpatrio. Io non l'ho fatto perché non spetta al fratello denunciare il fratello ma sarà Dio stesso a giudicarlo secondo le intenzioni con cui lo avrà fatto.

Ora stava ancora là in fondo allo stanzone ritto, superbo e florido. Aveva indosso, al pari dei russi, un pesante cappotto cachi, ai piedi i morbidi " valiencki " ed in testa il berretto di pelo con paraorecchie legati sulla sommità da una fettuccia. Poi fece un giro per la stanza attraverso i prigionieri.

Capitolo 23

Quando ci fu vicino istintivamente Bruno ed io lo chiamammo per nome e con voce supplichevole come per farci riconoscere..., per dirgli che eravamo i suoi amici... che stavamo male e che avevamo bisogno del suo aiuto... Ma egli pur riconoscendoci non volle fermarsi e non volle aprir bocca; poi, come qualcosa gli avesse fatto male e lo avesse colpito, accelerò il passo e uscì dallo stanzone sbattendo violentemente la porta.

Bruno ed io restammo inebetiti a guardarci in faccia l'uno con l'altro meravigliandoci di quanto era accaduto. Ma non tardammo a capire in quale imbarazzo lo metteva la nostra presenza in quel luogo! Poi per alcuni giorni non lo rivedemmo più!

Frattanto la situazione per tutti andava sempre più peggiorando. Benché i maltrattamenti da parte dei russi erano in parte diminuiti, però i malati, i congelati erano abbandonati a se stessi. Non un medicamento, non una cura, non un'assistenza da parte di alcuno. Alcuni congelamenti ben presto avanzavano paurosamente e si trasformavano in purulenti ed atrocissime cancrene che mandavano un tal fetore da rendere l'aria irrespirabile ed insopportabile. Chi ne era colpito inesorabilmente era spacciato e moriva di una morte lenta ed atrocissima. La fame andava crescendo e si faceva sentire acutissima per tutti. L'unico pezzo di pane nero e mestolino di acqua calda con farina che ci davano una sola volta al giorno non era affatto sufficiente, anzi non soddisfaceva a rimpiazzare in parte quelle poche calorie che un corpo umano consuma nel solo stare immobile e sdraiato. Le poche risorse di carne e di energie che tenevamo ancora di riserva andavano di ora in ora estinguendosi. I nostri volti erano diventati macilenti e scarni. La barba ed i capelli erano talmente cresciuti che ci rendevano irriconoscibili e simili ai primitivi uomini delle caverne. Anche la paglia sulla quale stavamo sdraiati non venne mai cambiata;

dopo non molto si era completamente maciullata e resa quasi polvere ed essa non tardò a pullulare di grosse cimici e di corpulenti pidocchi. Essi contribuirono ad aumentare ancor più i nostri strazi ed i nostri tormenti. Di notte non si poteva assolutamente dormire per l'insopportabile prurito provocato dai pidocchi Ognuno si faceva aiutare dal proprio vicino a grattare la schiena invasa da questi infami parassiti. Pure i capelli, la lunga barba e le sopracciglia d'incanto da neri diventarono completamente bianchi per il sovrabbondare di uova di pidocchi.

Intanto il, nuovo Comandante russo aveva dato piena autorità ad un alto fusto di alpino veronese, per tenere un po' d'ordine nel locale, dato che loro, i russi non entravano mai in queste stanze infette e ridotte a letamaio. Il veronese aveva piena potestà su tutti , e per arruffianarsi i russi e avere un pezzo di pane in più agiva crudelmente su tutti anche sui propri connazionali. Girava, altero e superbo, continuamente in su e in giù per lo stanzone sgridando e impartendo ordini e teneva in mano un grosso bastone nodoso e non esitava ad adoperarlo su quanti non volevano o non erano in grado di ubbidirgli. In quei momenti, sia per il freddo che per l'acqua calda di farina, molti soffrivano di tremende dissenterie. Ebbene molli di questi alle volte non riuscendo, per forti dolori al ventre, a raggiungere la mezza botte posta in fondo allo stanzone che serviva a raccogliere gli escrementi di tutti, si scaricavano, per non farsela addosso, in mezzo alla corsia. Allora erano tali le bastonate che ricevevano dal " veronese " che li riduceva quasi in fin di vita.

Mi ricordo che, a poca distanza da noi, un giorno un tal caso capitò ad un ufficiale italiano ed anche a questi l'alpino aguzzino cominciò a caricarlo ripetutamente di botte col suo grosso bastone. Ad un certo punto l'ufficiale, sentendosi ormai finito, alzò la testa cosparsa da numerosi rigagnoli di sangue che uscivano dalle molteplici ferite al cuoio capelluto e tendendo supplichevoli le braccia verso l'alpino gridò in mezzo alle grida ed ai singhiozzi: " Basta…! Basta alpino!! Non farlo per me ma per i miei tre figlioli che ho a casa! ". Ma quegli non si intenerì anzi con un altro colpo che gli assestò più tremendo in testa lo stecchì sul colpo. Davanti a tal crudele scena rimasi tanto tremendamente colpito che di scatto voltai la testa e istintivamente chiusi gli occhi. Tanti e tanti altri fatti, se non così tragici, succedevano quasi tutti i giorni.

Intanto i giorni passavano lenti ma pieni di sofferenze e di patimenti !

Per tutta la vita ci accompagnerà il ricordo di quelle ore terribili ma dense anche di eroismi misconosciuti. Si era divenuti più buoni, tranne le solite eccezioni, purtroppo. Tutti sembravano ritornati bambini, tanto ardore infondevamo nelle nostre preghiere. Pregavamo seguendo l'impulso del cuore, e pregavano anche quelli che avevano dimenticato le parole dell'Ave Maria e del Pater noster. Ogni sera quando il sole calava e nello stanzone regnavano le tenebre un prigioniero italiano (che doveva essere un cappellano) cominciava la recita lenta del Santo Rosario e tutti rispondevano con fervore. Al termine il mio amico Bruno allora cominciava a cantare la bella e indimenticabile canzone milanese " O mia bella Madunina " che con la sua bella voce, faceva prorompere tutti in pianto ed in singhiozzi. In quel canto in quelle parole ognuno in quel momento sognava di vedere il proprio paese, la propria casa e le proprie persone care. Grosse lacrime rigavano i nostri visi scarni e ossuti !

Capitolo 24

Poi, quando tutto piombava nel più cupo ed assoluto silenzio, ognuno cercava di potersi addormentare per dimenticare. Una di queste sere, quando tutti sembravano addormentati. Bruno ed io assolutamente non riuscivamo a prender sonno; sentivamo dentro allo stomaco vuoto un'acutissima fame che ci dilaniava superando ogni altro dolore ed ogni altro disagio. Allora decidemmo di rischiare qualsiasi pericolo pur di riuscire nell'intento di poter trovare qualche cosa da buttar giù nello stomaco. Cautamente e trascinandoci sul pavimento, attraversammo tutto lo stanzone sino alla porta di uscita e, approfittando della inosservanza del " Veronese " che gonfio e ben rimpinzato della zuppa sottratta ai

La tradotta ARMIR riporta a casa i pochi che si sono salvati.

prigionieri se ne stava a pancia all'aria russando come un porco, e dell'assenza della guardia russa, scendemmo adagio, adagio i tre gradini che immettevano in un cortile adiacente. Restammo, in un primo momento, alquanto delusi poiché ogni cosa era sepolta nel buio più pesto e nell'abbondante neve; però, dopo tanto vagare, scorgemmo giù in fondo una sopraelevazione a forma di piramide. Precipitammo su quella e constatammo, con grande gioia, che era il mucchio dei rifiuti e delle immondizie. Con la stesse sete e bramosia di coloro che stanno saccheggiando un tesoro, così pure noi cominciammo a raspare ed a secernere quanto in quel letamaio era buono per mangiare. In breve tempo riempimmo il seno di buone porcherie e poi fortunatamente inosservati ritornammo ai nostri posti.

Mettemmo sulla paglia quanto avevamo raccolto: bucce di patate, gambi e foglie marcite di cavoli, pezzi di carote putride, ecc. ecc. con avidità, divorammo ogni cosa. Soltanto una cosa non riuscimmo a metter giù dopo vari tentativi di sminuzzarla sotto i denti: si trattava della coda puzzolente di un mulo marcito.

Essa girò per due giorni interi in mano a tutti i prigionieri i quali, a turno, si limitarono soltanto a succhiarla dalla parte più viva del nervo rossiccio. Quella notte non sentimmo affatto il morsicare delle cimici e dei pidocchi e riuscimmo a dormire profondamente sino alle prime luci del mattino.

Fu la più grande fortuna e la più grande gioia provata in quei giorni, quello cioè di esserci finalmente saziati e rimpinzati ancora una volta!

Proprio in quei giorni pieni di fame la Provvidenza ci venne incontro aiutandoci per un'ennesima volta. Infatti, con grande nostra sorpresa, lo stanzone venne, in principio clandestinamente attraverso le finestre e poi liberamente col consenso delle guardie, preso d'assalto da parte di borghesi russi.

Erano uomini, donne anziane e ragazzetti, sconci e malvestiti, che s'aggiravano per le corsie con grosse pagnotte di pane nero sotto il braccio e lo andavano offrendo a tutti coloro che offrivano in cambio qualche oggetto utile o specialmente qualche capo di vestiario.

Bruno ed io subito ci mettemmo, al par degli altri, all'opera stendendo sul banco di vendita i nostri oggetti. Fruttarono mezza pagnotta di pane le due catenine d'ottone della piastrina di riconoscimento che portavamo al collo; e nientemeno che una pagnotta per le due cerniere lampo delle nostre camicie poi non avendo altri oggetti, cominciammo a venderci un po' di vestiario che tenevamo abbondantemente indosso. Ci pagarono con una pagnotta ogni maglione. Ogni paia di mutande e ogni corpetto di lana e persino sono arrivati a darci due pagnotte per ognuno dei nostri due cappotti. Il pane che divoravamo in quei fortunati giorni era molto, eppure, dopo mangiato, sentivamo sempre gli acuti stimoli della fame! Eravamo degli insaziabili! Purtroppo il nostro sangue era quasi del tutto privo e da lungo tempo di sostanze nutritive e quel pane abbondante non riusciva a compendiare sufficientemente le energie perdute.

Se da un lato è stata una divina Provvidenza avere avuto l'occasione di poter smerciare qualcosa per la sopravvivenza, per l'altro è stato anche un danno poiché molti non si sono limitati soltanto a cedere alcuni indumenti ma si sono lasciati trascinare dalla inestinguibile fame sino a vendersi tutto e restare quasi seminudi. A qualcuno costò

Alla fine anche Michele riusci a fare ritorno a casa. Qui lo vediamo accanto ad un altro noto reduce di guerra zanichese, il "maestro" Vittorio Merli (a sinistra).

l'esistenza stessa perché non seppero più sopportare il freddo. Io pure arrivai al punto di vendermi persino i pantaloni ma non prima di aver ricevuto in cambio, oltre al pane, un altro paio di braghe di tipo russo anche se tutti sgualciti, sporchi e rappezzati. Una cosa simile però doveva cessare! Poco tempo prima che venisse data la proibizione assoluta ai borghesi russi di entrare nello stanzone, un vecchio tutto solo si aggirava ancora fra i prigionieri in cerca di pietrine per la macchinetta accendisigari.

L'amico Bruno ebbe un barlume di sagace intelligenza! Da tempo tenevamo un pezzo di matita nera trovata casualmente in una tasca della mia giacca e dopo averla offerta a molti, non eravamo riusciti a smerciarla. Allora Bruno pazientemente riuscì ad aprirla e togliere l'intera mina. La fece a pezzettini e tenendoli stesi sul palmo di una mano la mostrò al vecchio russo. Questi ne restò meravigliato! Ne prese una e dopo averla provata in bocca e sotto i denti disse: " Pravda! Pravda gu-spodin, Scolko davai "? (Sono vere! Sono vere, signore! Cosa vuoi?). " Cleba bolscioi. bolscioi tavarisc " (Una pagnotta grossa, grossa compagno) gli rispose subito Bruno. Allora il vecchio tutto giulivo gli raccomandò di non cedere a nessuno le pietrine mentre si sarebbe assentato a prendere il pane. Infatti di lì a poco eccolo arrivare in tutta fretta. Ci porse la grossa pagnotta e poi s'allontano saltellando tenendo ben strette in pugno le finte pietrine. Ci mettemmo allora di gran fretta a divorare quel pane per farlo sparire prima che il vecchio si fosse accorto dell'inganno.

Sicuramente egli presto o tardi sarebbe tornato a riprendersi il pane e a vendicarsi. E così accadde, il vecchio non tardò ad arrivare. Lo vedemmo adirato, discutere gesticolando con la guardia russa all'ingresso. Ma la sentinella russa non le fece entrare poiché era scattato l'ordine del comandante di sospendere definitivamente quelle visite dei borghesi.

Bruno ed io. Ancora con la bocca piena di pane, ci guardammo in faccia e poi... scoppiammo in una gustosa, sonora e prolungata risata. ....

Qui finisce il racconto dell'alpino Michele Bosis. Non sappiamo se il racconto è incompleto o meno, mancando la parte che racconta del ritorno a casa. Forse Michele volle chiudere così il suo lungo diario di ben 24 capitoli con una frase di speranza e ottimismo

LIDIA CRISTINI

VACANZE ROMANE, UN BIENNIO E LA GUERRA VISSUTA ANCHE A ZANICA. E NON FINISCE QUI!

I

Era l'anno 1941, si era verso la fine di Settembre e io stavo ponendo in una piccola valigia i miei pochi indumenti personali. Ero felice perché andavo a Roma; mio padre mi accompagnò sino a Milano e mi fece salire su un treno diretto a Roma. C'erano dei giovani ragazzi, anch'essi diretti alla Capitale, che mi fecero buona compagnia. Quando papà mi salutò aveva gli occhi lucidi ed era emozionato; ricordo solo che mi disse "Ciao Lidia". Era agitato, e io ero troppo felice per capire la sua sofferenza.

Arrivati alla stazione Termini della Capitale c'erano i signori Arzuffi in attesa, ringraziai i ragazzi che mi tennero compagnia durante le sei ore di viaggio accompagnandomi poi dai signori di mia conoscenza. I signori Arzuffi abitavano in Via Cavour 91, un edificio abitato da ufficali dei Carabinieri. L'appartamento era di piccole dimensioni e, avendo ora il bambino, pensarono di cambiare casa; per interessamento di un amico di famiglia ci trasferimmo dopo un mese da questo Rione, che a me piaceva molto perché dal balcone ammiravo l'enorme e bella Basilica di Santa Maria Maggiore, ma la nuova abitazione era molto lussuosa. Il rione era chiamato Sezione Prati, Via Fabio Massimo 107, scala prima interno 9. Telefono 362324, prefisso 06. L'interno della nuova abitazione era arredato con mobili di gran valore; io avevo la mia camera e, siccome il bambino dormiva con me nel lettone grande, si stava bene. La mia sorpresa fu il bagno: a casa lo facevo nel mastello dove la mamma lavava i panni, ora invece potevo immergermi della grande vasca con acqua calda.

Ci tengo a dire che l'appartamento era di proprietà Ebraica, che nel periodo di allora fuggivano dalla deportazione nazista. Si rifugiavano in molti anche in Vaticano, Sua Santità era Papa Pacelli, una figura alta e seriosa. La Domenica andavamo alla S. Messa in Vaticano, che non era molto distante da noi.
Il mio compito era di badare solo al bambino. Il piccolo, che aveva solo un anno, s'affezionò subito a me, non ancora quindicenne.
Mi rifiutavo di usare l'ascensore, anche se il quinto piano ha un'altezza notevole. Lasciavo il tirello nella guardiola con il permesso della portinaia e ogni giorno facevo chilometri passeggiando per Roma. Un

Le due case di Lidia a Roma: a sinistra Via Cavour 91, e a destra Via Fabio Massimo 107.

Il discorso di Mussolini del 11 dicembre 1941: "la dichiarazione di guerra agli Stati Uniti". [1]

giorno la signora mi disse: "Oggi a Palazzo Venezia parla il Duce. Se vuoi vederlo, rimango io con il bambino, perché c'è sempre tanta folla quando parla lui". Poi mi disse: "Sai già dov'è Piazza del Popolo, perciò alla tua destra troverai Corso Umberto I, che direttamente ti porta sul luogo indicato".

Quanta folla in piazza invocando a gran voce "Duce, Duce"! Lui si affacciò dal balcone allargando le braccia, felice di sentirsi osannato da così tanta gente. Io in verità non ne ero entusiasta. Dissi alla signora Franca che mi sarebbe piaciuto di più vedere il Re e la Regina. Avevo assistito al cambio della guardia reale, che suonava pure la marcia. I reali li vidi più tardi molto da vicino; Vittorio Emanuele III e la Regina Elena di Montenegro, molto bella, erano in carrozza, diretti all'udienza con il Duce. Riferì alla signora averli visti tutti, ma lei mi rispose: "Ora siamo alleati con la Germania e senz'altro Hitler verrà ancora a Roma". Venne esattamente dopo qualche mese dalla mia permanenza a Roma, città blindata da molti steccati per sicurezza. La signora mi disse: "Se vuoi vederlo, vacci di buon'ora" e così feci.

---

1   Piazza Venezia, 11 dicembre del 1941: Il balcone è sempre lo stesso. Le decisioni sono sempre «solenni». Gli applausi? «Vivissimi». Le acclamazioni? «Vibratissime». Il Duce annuncia a un'immensa folla, fra cui la quindicenne Lidia Cristini l'ennesima sciagurata impresa: la dichiarazione di guerra agli Stati Uniti. Il giorno prima, Adolf Hitler aveva fatto lo stesso al Parlamento tedesco. Mussolini entra in guerra con la più grande potenza industriale del mondo. Un grande giornalista, Giovanni Ansaldo, osservò, non senza ironia: «Ma il Duce l'ha visto mai l'elenco dei telefoni di New York?». Già, i numeri. Se prendiamo i dati risalenti al 1937, apprendiamo che nella sola New York ci sono 1.072.889 apparecchi. In tutta Italia 333.007... La popolazione: 133 milioni negli Stati Uniti, 41 milioni in Italia. La produzione di frumento: 250 milioni di quintali degli statunitensi di fronte ai 63 delle nostre contrade. E poi un altro elemento, decisivo in una guerra: le ferrovie. I chilometri negli Usa sono 401mila. Da noi, poco più di 17mila. In un mese, gli Stati Uniti producono l'armamentario bellico accumulato dall'Italia fascista a tutto il 1941. In Nordamerica vengono immatricolate in due giorni le auto che noi immatricoliamo in un anno. E potremmo continuare all'infinito. La tronfia retorica del dittatore parla di «vincere e vinceremo». Sappiamo tutti com'è andata a finire.

Il Duce esortava applausi per l'ospite e a me, avendolo visto così da vicino, non piacque per niente. Il sorriso era beffardo e gli occhi di ghiaccio. Comunque, lui sapeva che Mussolini non era in forze per affrontare la guerra, ma nonostante ciò gli venne comodo per i confini d'Italia e Germania. Finalmente dissi alla signora che, avendoli visti tutti, avrei preferito godermi questa bella città eterna con il piccolo Franco.

Un giorno, siccome il cielo era nuvoloso, non mi allontanai troppo e mi sedetti su una panchina a Piazza dei Quiriti, una piazzetta poco conosciuta; feci in tempo ad arrivare a casa prima che si scatenasse un brutto temporale. La signora era assente, probabilmente si trovava a casa di una delle sue amiche, perlopiù nobildonne di alto ceto. Un giorno mi disse: " Lidia, oggi facciamo visita ad una signora che abita in un grande palazzo a Monte Mario". Andammo verso le ore 16 e io rimasi ammirata dal lussuoso interno della casa. La signora desiderava vedere il bambino, però guardandomi mi chiese: "Quanti anni hai? Sembri molto giovane. Non ti è dispiaciuto lasciare la famiglia?" Io le risposi che rimasi a casa con i miei genitori fino ai 7 anni, dopodiché andai dai miei nonni paterni sino ai 15 anni, mia attuale età, e certo che mi era dispiaciuto lasciare la mia famiglia. Il nonno aveva una grande salumeria che gestiva uno dei suoi figli. Quando si sposò lo zio Bepo venne in casa con la moglie ed ebbero due figli, che io accudivo oltre ad occuparmi di altre faccende. La mia tenera età non conosceva giochi, bensì fatiche. Siccome ero la più grande di quattro fratelli pensavo che i miei genitori avrebbero avuto molti meno problemi se avessero dovuto occuparsi di una figlia meno, e questo solo pensiero mi rasserenava.
La signora mi ascoltò attentamente e rinvolgendosi alla signora Franca disse: "Questa ragazzina è saggia, tuo figlio è in buone mani". Durante il ritorno mi sembrava di aver parlato troppo, e di ciò mi dispiacevo, ma la madre del bambino mi rassicurò: "Ti ha ascoltato con molto interesse e anch'io sono rimasta meravigliata. Sei molto brava, Lidia". Il mio desiderio rimaneva quello di esplorare Roma insieme al piccolino.

Si era in tempo di guerra e la radio comunicava bollettini di guerra, discorsi del Duce e canzonette di Alberto Rabagliati, Natalino Otto, Oscar Carboni, Trio Lescano, Duo Fasano ed altri. Ricevetti per posta una lettera da Luigi Pelucchi; era militare in Grecia e mi chiese se volessi essere la sua madrina di guerra, come si usava allora. Questa persona era di Zanica, un mio compaesano, e seppe da mia madre che mi trovavo a Roma. Cominciò così questa conoscenza epistolare tra Lidia e il militare Luigi. Io lo raccontai alla signora e lei mi rispose: "Vedo che ti scrive spesso, e tu dovresti rispondergli per dargli coraggio. Sono certa che ci riuscirai". Così continuammo questo incrocio di scritture, che Luigi desiderava tanto perché, diceva, lo facevano sentire più sicuro e meno solo.

Rimaniamo a Roma. Il giovedì, come di consueto, la banda militare dei carabinieri suonava al Pincio e io mi recavo sempre con piacere su quell'altura panoramica con il piccolo Franco. Durante due anni vidi tante belle cose a Roma: il Colosseo, allora dimora di gatti randagi, il meraviglioso Altare

Lidia in seconda fila è la seconda bambina da sinistra con in braccio un bambino, suo fratellino Luigi, alla sua sinistra gli altri due fratelli Amilcare e Maria. Si tratta di una foto con le famiglie Cristini e Zanchi Presente anche Antonio Zanchi, il cui diario è pure qui pubblicato.

della Patria, Castel Sant'Angelo, la Chiesa di San Paolo fuori le mura. A Roma abbondano le chiese, e un giorno la signora mi chiese se volevo visitare la Cappella Sistina a San Pietro. Inizialmente acconsentii senza molto entusiasmo, ma quando vidi questo capolavoro dello scultore Michelangelo Buonarroti rimasi seria, ammirando l'immensità delle figure maestose. Aveva ragione il genio quando disse a Papa Sisto che Michelangelo era il miglior scultore in circolazione e lo si poteva ammirare nelle immagini gigantesche.

La prima pagina della Stampa che parla del discorso del Duce dal balcone di Piazza Venezia, a Roma l'11 dicembre 1941

Un giorno la signora si presentò con un piccolo mazzo di fiori, dicendomi: "Oggi, dalla caserma qui vicino, partiranno per altre zone militari. Avvicinati ad uno di quei militari, offrigli i fiori ed accompagnalo fino a un certo punto" e così feci. Quando lo salutai notai che era molto triste e, con gli occhi lucidi, mi diede un bacio sulla guancia e disse: "Rimani qui a Roma, sei al sicuro". Non gli chiesi neppure come si chiamava, per me i militari erano tutti bisognosi di pace, non di guerra.

Mentre la mia corrispondenza con il militare Luigi continuava come di frequente, rimanendo in tema militare, passando davanti alla caserma Mussolini, vidi Severo Merli nella garitta. "Abito qui vicino, in Via Fabio Massimo 107" gli dissi. Un suo collega mi riferì che non mi avrebbe risposto, perché i soldati di guardia non possono parlare. Ma la sera stessa si presentarono sotto casa ben 6 soldati, tutti di Zanica, tra i quali c'era anche il cugino di mio padre, Cristini Luigi. Anche loro avevano cambiato itinerario: zio Basilio era marinaio in Sicilia imbarcato sul caccia Maestrale come fuochista su questa nave da guerra; ebbe 3 giorni di licenza e, passando per Roma, venne a trovarmi. La signora mi lasciò libera di stare con lo zio, e così passeggiamo insieme sul lungo Tevere, lui in divisa di marinaio. La sera ripartì perchè desiderava vedere i suoi genitori, e il tempo a disposizione era poco. Gli dissi: "Dì ai miei genitori che sto bene". Non lo vidi più fino alla fine della guerra, perché fu aftto prigionieri dagli inglesi.

Io viaggiavo ancora per Roma con il bambino. D'estate andammo ad Ostia per un mese. Ero stanca, ma il bambino si divertiva a giocare con il secchiello, riempendolo di sabbia, e la signora si divertiva perché sapeva nuotare bene. L'albergo era metà sul mare e metà sulla rena, quasi come una rotonda sul mare. Noi eravamo ospiti in una pensiona lì vicina, e non vedevo l'ora di ritornare a Roma. Ma la signora, nel mese di settembre, andò a Tivoli per 7 giorni, a fare delle cure alle gambe nelle Acque Albule, delle piscine che odoravano di

L'ingresso della caserma Mussolini citata nel diario.

zolfo. A Tivoli vidi la dimora di Adriano, personaggio dell'antica Roma, piena di bellissime fontane. Questi giorni in questo luogo mi piacquero molto.

Tengo a dire che vedevo pochissimo il signor Arzuffi, che spesso stava fuori casa per lavoro anche per dei mesi. Non era da molto che informò la signora di dover rimanere a Napoli per un mese. "Perché non venite anche voi?" chiese. Speravo davvero che la signora accettasse, perché mi sarebbe piaciuto molto vedere Napoli. In ogni caso stavo bene a Roma, se per caso pioveva rimanevo a casa a leggere novelle di Liala o Greta Granor, le mie preferite; oppure scrivevo al mio figlioccio Luigi, che tutte le volte mi diceva che le mie lettere aiutavano il suo morale in tormento.

Ogni tanto suonava l'allarme anche a Roma. La chiamavano Città Aperta quando venne bombardata, centrando la Chiesetta di San Lorenzo; l'avevo vista con la signora qualche giorno prima, ed ora nel piccolo chiostro vidi metà parete decorata con piastrine d'oro, che le città italiane avevano donato ai luoghi sacri. Sulla grata era raffigurato il grasso del santo che venne bruciato vivo. Su alcune piastrine notai anche che c'era inciso "Bergamo".

Ernesto Cristini in "arte" Basilio, era lo zio di Lidia. Zanichese pure lui, come tutti quelli che lavoravano alla Magrini, venne mandato in Marina.

Che imponenza il faro Mussolini circondato da due statue enormi! Nel Panteon dei Savoia c'era il nome di Re Umberto I, mente gli altri reali riposavano nel chiostro della Chiesa di Torino.

Comunque, non vissi molto la guerra a Roma, il cibo non mancava e la signora era una brava cuoca. Ho vissuto il bello di questa città eterna, seppur con la mentalità di una bambina, fino all'unico fatto increscioso capitatomi nell'ottobre del 1942. Era sera, verso le ore 20, e in casa mancava il latte per la colazione del mattino seguente. La signora era in pigiama e mi disse: "Il portone rimarrà aperto per mezz'ora ancora, e la latteria è vicina. Vacci tu, se non ti dispiace". Tengo a dire che non uscivo mai di sera a Roma, così feci la strada di corsa; durante il ritorno sentivo dei passi dietro di me, e affrettai il

Il cacciatorpediniere maestrale a bordo del quale era imbarcato Basilio Cristini, zio di Lidia

passo tenendo ben salda la bottiglia di latte in vetro da 1 litro. Il portone era ancora aperto, e io come ho già detto, non usavo mai l'ascensore. Continuavo a sentire questi passi che mi seguivano, e ad un tratto sentii anche una mano che saliva alle gambe con l'intenzione di togliermi le mutande. Quando mi voltai vidi il vigile che solitamente stava all'angolo di Via Fabio Massimo; si era calato i pantaloni e mi faceva cenno di tacere con il suo dito indice. Io, invece, urlai dicendogli di essere il diavolo, e con tutta la forza che avevo gli gettai di lancio la bottiglia di vetro in testa. Devo averlo ferito molto perché fece un urlo tremendo, e sulle scale si vedeva il latte mischiato con il sangue. Imprecò verso di me dicendo: "Te possino ammazzà, ragazzì". Ma mentre urlava riuscii a rifugiarmi dalla portinaia che mi chiese cosa fosse successo. Le raccontai tutto e lei, poverina, si rimproverò di non essere rimasta nella guardiola. "Vai di sopra che pulisco io le scale" per poi dirmi in dialetto veneto: "Ti si stata coragiosa". Rientrata a casa, la signora notò subito che qualcosa non andava e anche che non avevo con me il latte, così raccontai tutto anche lei. Rimasta scossa mi disse: "Non sei mai uscita di sera e mai più uscirai. Scusami, ma non pensavo a cosa ti sarebbe potuto succedere di sera". Dopo mi abbracciò ricordandomi a suo volta che ero stata coraggiosa. "Sta pur certa che quel vigile non lo vedrai mai più" e così fu, non lo vidi più. Per me era il diavolo.

La cosa più bella che ricordo con intensa gioia fu il giorno in cui vidi Papa Pacelli fare la confessione nella Chiesa di San Pietro. La signora mi disse: "Lidia, oggi il Papa confessa e io ti accompagno al suo confessionale". Mi ricordo solo l'ora, erano le 10 di mattina, e alla sinistra della Basilica c'erano tante persone, ma il rito si svolgeva sbrigativo. All'avvicinarsi il mio turno, volevo quasi ritirarmi da quant'ero emozionata, ma cambiai idea e mi accostai al confessionale, feci il segno della croce e poi dissi di fretta: "Mio papà dice spesso che sono una brava ragazza, ma ostinata." Lui mi chiese: "Nient'altro?" "No" "È un peccato veniale. Fai sempre la brava, e che il tuo Angelo Custode ti sia sempre di guida. Auguri!"

Volli lasciare per ultimo questo bel ricordo.

Quartiere San Lorenzo, Roma, la visita di papa Pacelli dopo il bombardamento della città da parte alleata. Lidia nella sua permanenza romana, ebbe anche la ventura di farsi confessare dal Santo Padre.

Era l'anno 1943, il 25 settembre. Io stavo riponendo i miei indumenti nella solita valigia, come pure facevano i signori Arzuffi; per loro era d'uso fare visita, ogni due anni, ai loro genitori, Vitali e Arzuffi. Io desideravo sì visitare i miei genitori, ma con l'intenzione di tornare a Roma, come pure i signori Arzuffi. Il bambino si era affezionato tanto a me, e anch'io stavo bene con loro. Il viaggio fu scomodo, il treno affollato e si stava più in piedi che seduti.

Giunti a Bergamo, con il taxi arriviamo al paese. Io scendo in fondo alla piazza salutando i signori Arzuffi. Era di sabato, verso le ore 17 mi pare, e appena entro in casa alla mia sinistra stavano seduti dei militari in attesa del loro turno; sì, perché mio padre di sabato e domenica tagliava la barba e i capelli con l'aiuto del figlio Amilcare.
Mi salutarono dicendomi: "Va' di là in cucina, che c'è la mamma". Andai in cucina e la mamma mi disse subito: "Ti sei fatta una bella ragazza!", ma io le chiesi il motivo della presenza in negozio di tutti questi militari, che non avevo neanche avuto il tempo di notare che erano tutti tedeschi. "A Zanica c'è il comando situato nella Villa Spasciani. I proprietari l'hanno dovuta lasciare" disse poi la mamma. Vollero per loro pure la Villa Bono. C'erano anche dei militari italiani, ma questi alloggiavano tutti in una cascina sulla via per Urgnano. La mamma mi disse anche che, di sera, c'era l'obbligo del coprifuoco; non si poteva uscire, e dovevamo proteggere le finestre con piccoli tendaggi neri.

Continuando il racconto mi disse con sgomento che i tedeschi si erano impadroniti di molti prati, situati dove ad oggi si trova il bar Gioppino. In quelle aree montarono delle piste per aerei dotate di grossi cannoni per la difesa aerea, oltre ad un bunker per ripararsi fatto di cemento armato con 6 rifugi sicuri. Quando gli aerei mitragliavano, si difendevano sparando cannonate. Vidi dei materassi poggiati al muro del sottoscala, e la mamma disse che avremmo dovuto dormire tutti in cucina. Io la lasciai proseguire nel racconto, ma ad un certo punto le dissi decisa: "Io torno a Roma" e di rimando mi rispose: "No Lidia. Ora resterai con noi, finalmente". Insistetti molto, ma anche papà voleva che rimanessi a casa. "Ora hai 17 anni, potresti lavorare con me" ma non mi andava di stare seduta a cucire tutto il giorno, proprio non me la sentivo. Capii che papà era dispiaciuto e la mamma mi disse: "Lo sai che papà ti vuole tanto bene e sarebbe contento se tu accettassi di lavorare con lui". I signori Arzuffi desideravano che tornassi con loro a Roma, e quando li salutai il signore piangeva e chiese a mia mamma: "Dove la trovo io una ragazza come tua figlia? Mi dava tanta sicurezza e fiducia, ma è tua figlia e non posso pretendere l'impossibile". Anche il bambino piangeva e mi chiamava, come soleva fare "Idia, Idia!"

Tornarono a Zanica per pochi giorni una volta finita la guerra, ma non vennero a salutarmi. Il bambino crebbe e dopo tanti anni seppi che si era laureato in medicina. Sposò una ragazza di Perugia, e quando i genitori lo raggiunsero per vivere insieme, colà cessarono di vivere. Franco, se vive ancora, sarà in pensione. Il primo capitolo termina qui.

II

In poco tempo imparai l'arte di mio padre, cioè la sartoria da uomo. Il lavoro non mancava, e pure i militari tedeschi ci commissionavano lavori di cucito; ricordo che portavano i pantaloni da stirare, e per ogni paia ci davano 6 lire. I ferri da stiro funzionavano a carbonella.
La guerra la vivevo quotidianamente, tutti i giorni un aereo americano chiamato "Pippo" faceva ricognizione verso le ore 16, provocando un rumore che odiavo. Non riuscivo ad abituarmi e avevo paura perché, quando suonavano l'allarme, il figlio del sacrista ed io ci nascondevamo nel campanile pensando di essere al sicuro. Di notte era più terribile, tremava la casa per le cannonate contro gli aerei nemici

che mitragliavano a volontà. Sentivo la nostalgia di Roma, anche se per fortuna il cibo non mancava. Di sabato, la mamma faceva la fila insieme ad altre persone fuori dal macellaio Fasanotti, per ricevere il quantitativo di carne che il Comune ci concedeva. Non c'era il sale, e la mamma usava il "liebig" per salare la minestra.

Il figlio del podestà, più grande di me di due anni, s'innamorò di me, e siccome i genitori, oltre all'abitazione grande, avevano un grande ortaggio con persino le api, ogni mattina mi portava della verdura, oltre a del pane che faceva sua mamma. Talvolta ci lasciava anche il miele. A me, in parte, dispiaceva tanta generosità, perché non me la sentivo di fidanzarmi. Oltre alla guerra, odiavo l'uomo, nelle proporzioni che vidi a Roma, e mi faceva proprio schifo. Ma il ragazzo tenne pazienza, così provai a fidanzarmi, senza permettergli di avvicinarsi troppo a me. Poverino, non so come facesse ad amare una persona che non sapeva amare.
Papà mi disse che sarei dovuta andare con la mamma a Villa di Serio per un mese, dove lui ci aveva procurato del lavoro. Io andai volentieri da questa cugina di papà, che aveva pure la macchina da cucire, e lavoravo ogni giorno. Ebbi l'occasione di dire ad Angelo, quando venne a trovarmi, di dimenticarmi. "Ti meriti di essere amato. In due anni hai amato una ragazza che provava solo pena per te" gli dissi.

Ritornai al paese sempre con la guerra in corso, ma libera. Mio padre lavorava molto, come ho già detto, per i soldati tedeschi e un giorno uno di questi venne da mio padre con della tela mimetica. Disse di volerla usare per fare una giubba, e mio padre gliela fece. Due giorni dopo si presentarono a casa altri due militari, dicendo a mio padre di andare con loro al comando. Io avevo paura e quando dopo un'ora tornò mi disse di non accettare più dei lavori con la tela militare, come gli aveva riferito il comandante. Si mangiava poco, si dormiva poco; di sera si sentivano solo i loro passi pesanti e talvolta cantavano "Lili Marlen". C'era un militare di Lipsia, non tanto alto e scuro di capelli. Era sposato, e mi fece vedere le foto della sua famiglia. Poi mi disse: "Perché non mi dai lezioni d'italiano? Io ti aiuto con la nostra lingua". Lo feci per poco tempo, poi mi stancai e forse feci male, perché avevo imparato tanto in poco tempo.

Ero sempre nervosa, e la paura era quotidiana. Di sabato, come sempre, si lavorava da parrucchiere e venivano molti militari, anche italiani. Un giorno entrarono anche due militari delle SS con la Croce di Ferro proprio mentre suonava l'allarme. I due, imprecando, urlarono "Schnell, schnell, komm!" che significava "Svelti, svelti, andiamo!". Ricordo che fu in occasione di una grande battaglia, c'entrarono un aereo che cadde in fiamme. I militari italiani rimasero al loro posto, solo uno si alzò per andare con loro. Si chiamava Spartaco Lazzerini, era tenente aeronautico. Un bel ragazzo di Luino che, da militare, mi dedicava poesia meravigliose, dove si capiva che era innamorato di me. E avevo ragione, anche se non lo disse a me direttamente, ma a mia mamma e mio papà, oltre che ai suoi genitori. Papà gli disse che forse anch'io avrei dovuto saperlo. Così fece, e io gli risposi che ne avremmo riparlato a guerra terminata. Mi disse: "Tra due giorni parto per la Germania, ma io ti considero sin da ora la mia fidanzata" e io accettai. Chiese una mia foto a mamma e non lo vidi più. Fu ucciso a guerra finita rientrando in Italia da un partigiano. Sul finire del racconto continuerò il seguito che riguarda questo ragazzo.

Rimaniamo a Zanica: quotidianamente il suono della sirena c'impauriva. Mitragliarono anche casa mia, spaccando la sporgenza del tetto. Ero in casa con mia sorella Maria, il resto della famiglia era al teatro dell'oratorio di Don Angelo Vegini, per assistere ad una recita dove, nel cast, c'era anche mio fratello Amilcare. Ricordo che il titolo della recita era "L'idiota" e che anche i tedeschi assistevano a quest'opera. Tornando a casa mia, ad un tratto entrò con violenza un gruppo di mongoli, o almeno così mi parsero. Mi fecero segno che volevano mangiare e per fortuna non erano armati. Dissi loro, a segni, che di cibo ce n'era poco, poi mi rivolsi a mia sorella: "Vai all'oratorio, avvisa i militari della presenza di mongoli. Corri!". Uno di loro mi fece capire di voler dormire, e non so come potei trascorrere quei brutti attimi. Finalmente arrivò mia sorella con un gruppo di militari tedeschi e italiani; vedendomi così sconvolta, mi chiesero se avessi subito violenze. Dissi di no, ma anche di aver vissuto minuti terribili. Seppi poi che si trattava di prigionieri, che vennero poi malmenati dai teschi. Chissà cosa ci facevano in giro da soli.

Io ero sempre tesa, nervosa. Non si mangiava, non si dormiva. Solo la paura cresceva in me. A volte chiamavano mio fratello Amilcare della loro postazione di difesa per farsi fare barba e capelli. Una volta gli capitò di rimanerci per mezz'ora, proprio mentre iniziarono a mitragliare, e noi a casa stavano proprio male. Così, decisero di alternarsi un po' mio padre e un po' lui, che nel frattempo aveva fatto amicizia con dei militari, per non creare ostilità. Ora vorrei aggiungere un fatto ridicolo: i tedeschi stavano spesso a casa mia, o per indumenti da cucire, o bisognosi di radersi. Una sera, un gruppo di loro, visibilmente ubriaco, entrò in casa ordinando a tutta la mia famiglia di cantare "Rosamunda" girando attorno al tavolo. Mi veniva da ridere per la rabbia. 20 giri cantando "Rosamunda". Un altro aneddoto riguarda Amilcare e un tedesco che voleva tagliarsi i capelli come il loro Führer. Mio fratello gli rispose in dialetto bergamasco: "Ada te, ciucemel!" espressione volgare che era d'uso allora. Il militare, di rimando, volle sapere cosa significasse "ciucemel", e Amilcare, che aveva sempre la risposta pronta, gli rispose che indicava un uomo forte, in salute e aitante. "Bist du viel ciucemel, ja!" gli disse il tedesco e mio fratello rispose in italiano "Io, molto ciucemel? Sì?"

Un altro cugino di Lidia fu Cristini Mario, zio di Alfio Bonizzi. Era un motociclista dei bersaglieri bel ragazzo di cui tutte le ragazze si innamoravano, ma questo è un'altro romanzo...

Intanto la guerra incalzava e i bombardamenti nelle grandi città aumentavano. In estate, a Zanica, i contadini stavano seminando la campagna quando improvvisamente scoppiò una battaglia tremenda contro le mitragliatrici aeree a bassa quota. Fu tremendo, morirono una donna, di nome Agnese Pecis, e un altro contadino che abitava al Pesarolo. Il panico cresceva in paese e molti fuggivano. Papà non se la sentiva di lasciare la casa e cercava d'incoraggiare tutta la famiglia. Io odiavo la guerra e gli uomini, infatti rifiutavo tutte le proposte. Non mi piaceva neanche il lavoro che facevo, mi stancava tanto e non ne ricavavo nulla, personalmente. Ero consapevole della povertà di allora, e non chiesi mai niente alla mia famiglia. Avevo una bicicletta, e una cugina di mio padre, che abitava a Bergamo, disse a papà che la sua parrucchiera aveva bisogno di una persona come aiutante, e io accettai. Andavo solo di venerdì e di sabato, perché gli altri giorni lavoravo con papà. Era piacevole andare in bici, e il negozio situato in Via Borgo Palazzo non era molto grande. La signora che lo gestiva era brava, a me piaceva il lavoro e presto imparai tanti trucchi del mestiere. A Zanica non c'erano parrucchiere ma purtroppo, non potendo aprire un negozio tutto mio, lavorai sino alla fine della guerra a Stezzano; ero pagata bene ed ero felice di aiutare di persona la mia famiglia.

Cresceva la guerra, e con essa anch'io. Un militare tedesco, pilota di aerei, disse a mia mamma di volermi sposare, e di essere pure disposto ad andare dal parroco per convertirsi al cattolicesimo, come me. Parlava italiano abbastanza bene. "Rimarrò a Zanica solo un mese, poi verrò trasferito altrove. Ma prima vorrei sposare sua figlia". Mio padre gli rispose: "Chiedilo a lei". Io ero presente, e avevo visto spesso quell'uomo. Aveva sempre bisogno di fare riparazioni alla sua divisa, mi guardava un po' impacciato e sembrava avesse sempre qualcosa da dirmi. Finché una volta esternò di volermi sposare. La mia risposta fu, ancora una volta, che ne avremmo parlato a guerra terminata. Non fu tanto soddisfatto dalla risposta, infatti non lo vidi per una settimana. Era l'una di notte, noi dormivamo sui materassi in cucina, quando ad un tratto sentii dei forti colpi alla porta e una voce che gridava forte "Lidia, Lidia!". Papà non voleva aprire, ma la voce da fuori insisteva. Dissi "A me sembra la voce di Roberto", così si chiamava il pilota innamorato. "Aprigli papà, sembra un bravo ragazzo, non ci farà del male". Lo fece entrare e questo si mise a cercarmi per prima cosa. "Sta dormendo" gli disse mio padre. Era ubriaco, e gli sentii dire "Io sto male, voglio vedere Lidia", così mi vestii e lo raggiunsi, insieme a papà. Roberto gli disse: "Voglio rimanere solo con lei" e io acconsentii per liberarmi di lui il prima possibile, assicurando mio padre che non mi avrebbe fatto nulla perché così mi sentivo. "Se usa violenza con te io lo ammazzo" sentenziò papà. Rimasti soli, Roberto mi disse di stare molto male e di aver "viel trinken", bevuto molto. Lo disse mentre rovesciava il poco vino all'interno del fiasco sul tavolo. Dopodiché s'inginocchiò d'innanzi a me, mi baciò la mano e mi disse, in tedesco: "Viel danke Lidia, guten auf wiedersehen morgen, mein Liebe, mein Liebe!". Non riuscii a dormire pensando di non voler più vedere Roberto, e così fu. Il giorno dopo ci fu il cambio aviatori verso "zona ignota". Forse sapeva che sarebbe partito l'indomani.

Rimpiangevo Roma sempre di più, anche se mi sentivo sicura e il cibo non mancava. La mamma faceva da mangiare per 6 persone e spesso non mancava la polenta che. A fine cottura, mio papà metteva il latte nel paiolo, faceva sollevare la crosta –era così buona!- e mamma metteva le cotiche del lardo sulla stufa. Quando erano belle croccanti, si mangiava. Io mangiavo spesso pane e cachi per colazione, a mezzogiorno salsiccia e cipolle, oppure due cotechini con le patate. Per la pasta, la mamma la impastava per poi fare le tagliatelle con la salsa di pomodoro. Di sera una minestra, o del latte con un po' di caffè Leone in aggiunta. Avevo poi 3 abiti: due per i giorni feriali e uno per la domenica, occasione in cui mettevo anche le scarpe. Il resto dei giorni calzavo gli zoccoli che vendeva il signor Ruggeri, chiamato Morot, oltre i quotidiani che vendeva il sabato e la domenica. L'acqua in casa non c'era, e ci si riforniva ad una fontanella situata a fianco della farmacia. I denti si pulivano con foglie di salvia. La saponetta della Palmolive la usavamo solo di domenica e avevamo pure della brillantina che impasticciava solo i capelli. Talvolta se la metteva Amilcare perché diceva che era profumata. Poi non la usammo più, per risparmiare. Mia mamma lavava i panni nel mastello dove all'interno metteva la ceneri della stufa o la lisciva, che rovinava le mani. Il gabinetto era di sopra, vicino alla camera da letto, ma non c'era il water bensì solo un buco nel mezzo. Come carta igienica usavamo il giornale della domenica anteriore, tagliato a pezzi che inchiodavamo alla porta.

La guerra termina nell'anno 1945. I tedeschi pensavano che gli americani sarebbero venuti da Urgnano ma sbagliarono. Infatti, avevano già appostato i carri armati sul viale del cimitero, tagliando pure tutte le piante, e quelli entrarono da Via Capannelle. C'era tanta gente che osannava la pace. Io ero triste, pensavo a mio cugino Gian Luigi morto da poco tempo per colpa di una mitragliatrice americana che, vedendo movimento sulla pista, sparò a volontà. Rimase senza vita, il mio cuginetto di 6 anni, che aveva in mano il pentolino per portare da mangiare a mio zio mente, insieme ad altra gente, si cercava di recuperare i resti degli aerei bruciati dai tedeschi. Da piccolo tenni in braccio quel bambino, e mio padre gli aveva già confezionato l'abito per la prima comunione che al tempo si celebrava appunto al compiere 6 anni. Mio padre gli mise quel vestitino, maledicendo la guerra. Morì con lui anche un suo cugino della stessa età e un uomo chiamato Mattia Bana, oltre ad altri operai di Zanica in un bombardamento a Dalmine. Quando termina una guerra non si può fare a meno di pensare a chi non c'è più.

Vorrei aggiungere che, finita la guerra, a casa mia vennero dei partigiani dicendo a mio padre di tagliare i capelli alle donne che facevano coppia con i tedeschi. Papà rispose: "Io non taglio i capelli a nessuno perché non conosco nessuna donna accoppiata ai tedeschi". Uno di loro si mise ad urlare dicendo a mio padre: "È impossibile che tu non lo sappia! Non ti preoccupare, ci occuperemo noi stessi di dare giustizia a queste puttane" e se ne andarono imprecando ingiurie verso mio padre.
Comunque, secondo me, i partigiani, una volta finita la guerra commisero omicidi senza ragione. Ricordo un fatto increscioso: un giorno, in piazza, vennero dei partigiani con un camion per caricarci persone che non c'entravano nulla con la politica; il macellaio lo caricarono perché era grasso, il cugino di mio padre, Luigi, mutilato ad una gamba, lo spinsero malamente sul furgone, perché allora erano tutti, più o meno, fascisti. Trascinarono il tenente Cadè sul balcone del vecchio Comune, indicandolo alle persone come soggetto da eliminare. Era fascista, ma non fece alcun male. Prussiani aveva 8 figli, e ad ognuno dava dei nomi "mussoliniani", era un fanatico del Duce. Il male che facevano i fascisti consisteva nel far bere l'olio di ricino ai comunisti che parlavano male del Duce, mentre a questa persona i comunisti gli tagliarono le orecchie prima di ucciderlo, dopodiché la famiglia lasciò subito il paese.

Ricordando le fasi della guerra, nei cinema mostravano dei cortometraggi chiamati Luce. Davano le notizie permesse dal fascismo e c'era anche il Sabato Fascista, dove noi scolari andavamo al campo sportivo per dei saggi ginnici che consistevano nel salto in alto e corse nel campo situato dove adesso ci sono le scuole elementari. Noi ragazzine eravamo indicate come Piccole Italiane, con la gonna nera e la camicetta bianca. Io stavo dai nonni e dormivo nella loro camera; una notte, verso l'una sentii una voce chiamare il nonno dicendo: "Bigio venga giù, perché i vól picà ol Guglielmo, che'l ga mia la tessera del fascismo". Io attesi piangendo il ritorno del nonno e quando tornò mi disse: "Dormi, che ora papà e a casa". Ma il giorno dopo, quando andai da mio padre vidi che aveva la mano destra fasciata. Gli dissero che volevano rovinargli la mano così non avrebbe più lavorato, e gli mutilarono le dita a morsi. Per un po' non poté lavorare e fu un brutto periodo. Magari non ricordo tutto, ma rammento che i militari tedeschi non fecero alcun male alla gente del paese, forse perché noi ci adattavamo ai loro metodi militari.

Ora vorrei aggiungere il finale, purtroppo tragico, del tenente pilota Spartaco Lazzerini. Era la seconda festa di Pasqua e c'era de sempre l'abitudine di andare alla Basella per mangiare le uova con l'insalata; al ritorno incontrammo una persona di Zanica che, avvicinandosi a noi, ci disse che fuori da casa nostra ci stava aspettando un'altra persona per parlare con me. Era venuto a dirmi che Spartaco era stato ucciso dai partigiani mentre stavano rientrando in Italia, poi se ne andò perché doveva tornare di corsa a Milano. Io ci rimasi male, ma siccome non ne ero innamorata dissi solo: "Pregherò per la sua anima". Dopo 20 giorni ricevetti una lettera dai genitori. Sapevo che aveva anche due sorelle, Iole e Lidia che era più o meno della mia età. I signori Lazzerini m'invitarono a casa loro, perché volevano conoscere la fidanzata e promessa sposa di Spartaco. Avevano anche una mia foto, spedita dal figlio. Io dissi a papà che non me la sentivo di andare a Luino da loro, ma sotto insistenza di mamma, alla fine andai. Siccome desideravano passare un po' di tempo con me mi portai qualche indumento personale.

Ad attendermi c'era tutta la famiglia, rigorosamente vestita di nero. Io mi sentivo male perché avevo una camicetta bianca e una gonna a pois rossi. "Ti sei vestita così per non impressionarci?" disse la signora, aggiungendo poi: "Vieni, figlia mia, abbracciami" e ci stringemmo tutti con una marea di baci. Io, in realtà, ero molto confusa perché ero consapevole di non essere mai stata la fidanzata di Spartaco. Il babbo mi salutò la sera stessa e i signori Lazzerini dissero in coro: "Lidia rimarrà molto tempo con noi!"- La loro abitazione era situata in Via Crema, un appartamento spazioso perché il piano rialzato era tutto di loro proprietà. Quando la signora mi accompagnò in camera da letto, notai subito una grande foto del figlio, e la mia di fianco. Poggiata sul mobile c'era una busta contenente l'ultima lettera del figlio. Me la lesse piangendo, e ricordo che diceva che l'indomani sarebbe tornato in Italia. "Vi farò conoscere Lidia, e presto la sposerò" si leggeva anche. A me sembrava di tradire questa famiglia non dicendo loro la verità, ma ritenni fosse meglio tacere in quel momento.
Poi mi mise al collo una foto del figlio e mi chiese se avessi degli abiti scuri. "Ne ho uno di velluto nero, bello leggero. Mi fratello Amilcare l'ha adornato con una rosa sul fondo" le dissi e lei diede la sua approvazione. Non dormii tutta la notte, ero molto agitata e mi fecero dormire nella camera di Spartaco, tutta adornata dai suoi cimeli. Al mattino, dopo la colazione, andammo alla Santa Messa in una chiesa vicina. La strada era in salita e la signora mi presentò a molta gente, definendomi sempre come la fidanzata di Spartaco.

I signori Lazzerini erano titolari di un'officina che confezionava prodotti in rodoit, con 6 o 7 giovani occupati per questo lavoro che la signora mi presentò. Capii subito il motivo: erano tutti dei bei ragazzi. Io avevo con me un costume da bagno, così dissi alla mia omonima Lidia: "Perché non andiamo al Lago Maggiore? Dista pochissimo da noi" ma lei mi rispose che la mamma non mi avrebbe mai permesso di espormi in costume da bagno. Comunque andammo al lago la domenica con tutta la famiglia e mi parve di vedere lì Celo Previtali; mi chiese cosa ci facessi a Luino e io gli risposi che ero in vacanza da amici. La famiglia mi adorava in modo esagerato e, siccome eravamo a pochi passi dalla Svizzera, il signor Lazzerini mi chiese: "Ti piace il cioccolato?". A chi non piace il cioccolato? Così andammo a piedi, dato che il confine era veramente vicino. Comprò diverse cose, fra cui del cioccolato, ma per me fu un tormento. A volte mi veniva il desiderio di raccontare tutta la verità, ma non lo facevo. Mio padre diede loro il permesso del mio soggiorno a Luino, ma non più di 15 giorni, poiché sarei dovuta tornare al lavoro, ma alla fine rimasi un mese per loro insistenza, con la promessa che sarei tornata ogni anno.

Il terzo anno purtroppo fu il più drammatico, perché io ero fidanzata con Bruno, e a lui non andava bene per nulla. Mi disse: "Devi dir loro la verità, che sei fidanzata". A Luino da una settimana, ritrovatami sola con la signora, le dissi sicura: "Non potrò più tornare qui, perché sono fidanzata". Cosa dovetti subir quel giorno da parte sua! Non lo voglio nemmeno ricordare. Solo il marito e le figlie capirono che avevo il diritto di amare, dato che ero molto giovane. Avevo 20 anni. Ricordo le ultime parola della signora: "Non sarai mai felice come lo saresti stata con mio figlio. Lui ti adorava". Io le risposi: "Lei demolirà di sicuro la mia foto, ma io terrò per sempre quella di Spartaco, in ricordo di un giovane che sapeva amare aldilà dell'impossibile". La sua foto ce l'ho tutt'ora a ricordo di un giovane che sapeva amare incondizionatamente.

Ora Lidia Cristini è alla soglia dei 94 anni. Vissi malamente la guerra mondiale, dal 1941 al 1946: quella era la vera povertà. Con grande carestia di cibo...

Poi nell'anno 1976, più o meno, ci fu l'asiatica: si trattava di un'influenza con epidemie sparse, fece un po' di paura, ma durò poco. Che io ricordi ci fu un po' di calma, anche se la povertà regnava.

Ed era l'anno 1950 quando mi sposai. Mio marito lavorava alle poste di Bergamo. Io abitavo in Via R. Bonghi, e dormivamo tutta la famiglia in una stanza. Non c'era l'acqua in casa. A volte mi capitava di non arrivare a fine mese con i soldi, il medico e le medicine si pagavano con l'aiuto dell'Empas statale. Preferisco dimenticare i 10 anni che vissi in Via Ruggero Bonghi.
Alla fine dell'anno 1950 venimmo ad abitare in una bella palazzina in Via Manzoni 3. Avevo finalmente l'acqua in casa e il bagno con i boiler, ma non c'era ancora il metano. Usammo ancora la stufa a legna-per 3 anni. Ogni mese dovevamo dare al proprietario dei mobili, come anticipo sulla rata.
I miei figli ricordano la loro giovinezza con ottimismo, e do loro ragione. Andavamo spesso dal nonno Guglielmo, anche quando cambiò abitazione. Mi sembra che ci fosse anche mio nipote Luca a bere il tè con i cracker salati dal nonno,

Con gli anni a venire successero tante cose. La morte dei miei genitori, di mio figlio Adriano, la moglie di Amilcare, Bepina. Mio marito, Mario il marito di mia sorella Maria. Da pochi anni sono morti anche i cari fratelli Amilcare e Luigi.
Questi cari parenti, secondo me, sono in pace e ora staranno dicendo: "I viventi stanno attraversando giorni difficili con questa brutta epidemia". Si chiama *Coronavirus*. Bergamo e d'intorni sono le zone più colpite. A Zanica, in due settimane, siamo arrivati a parecchi morti. Nei ricoveri a Stezzano sono morti decine di anziani, e le strade sono deserte perché si deve rimanere a casa. Il dramma è serio, bisogna attenersi alle regole e stare a casa. Floriano, mio figlio passa tanto tempo in ospedale, è uno psicologo clinico responsabile diretto e, come altri medici, ha la facoltà e il dovere di assiste i propri malati.

Non so quando ne verremo fuori, spero presto. Io prego molto e credo nei miracoli. Dio mio, i medici sono in difficoltà, non ci sono posti in ospedale e occorrono volontari.
Figli e nipoti miei, la nonna prega per voi. Anch'io sto vivendo in totale solitudine questa orrenda epidemia di morte pensando: quando finirà?
Ripeto, la mamma, la nonna, prega molto per voi. La televisione dà finzioni di allegria suonando le chitarre e altri strumenti, secondo me. Solo la preghiera e l'attenzione alle regole possono far avvenire il miracolo.
Troppi disastri in pochi anni, maremoti, terremoti, ponti che cadono, allagamenti... e pensate anche, alla fine, alle tante donne vittime di omicidi.

Io al tempo mi sono difesa, e avevo solo 16 anni.

Auguri!

La scrittura è un po' telegrafica e non perfetta. C'è tantissima tristezza in me, mista a preghiere quotidiane. Sono una mamma e una nonna che sta vivendo tra lacrime e preghiere.

Questo mondo così straordinario lo sta rovinando chi vuole avere l'impossibile. Cominciamo a pensare ai miliardi si dolsi spesi in continui viaggi sulla luna. Lasciate questo astro notturno ai parolieri affinché s'ispirino a scrivere canzoni romantiche, e agli innamorati, per dedicare loro belle poesie.
Il sole è un globo di fuoco inavvicinabile, per fortuna, ma pure lui ci regala belle canzoni partenopee. O sole mio!
E le stelle stanno a guardare: la bellezza del firmamento la stiamo rovinando.

Le montagne troppo picconate, il mare saturo di plastica e lattine. Questa è inciviltà verso la propria persona e verso i nostri simili.
Le guerre ci sono sempre state e ci saranno sempre perché l'uomo vuole primeggiare in tutto. I governanti vogliono il potere.
Questa Repubblica è composta da troppi partiti incompetenti che sanno solo parlare, bisogna mandarli a casa. Per dare un aiuto in questi momenti tragici perché, parlamentari e senatori, non rinunciate ai vostri averi? Perché non donate metà del vostro ottimo stipendio per un paio di mesi? Quanto ci costate! Vergognatevi.

Io non posso donare, ma solo pregare. La reversibilità di mio marito è di 900 euro mensili. E nient'altro.

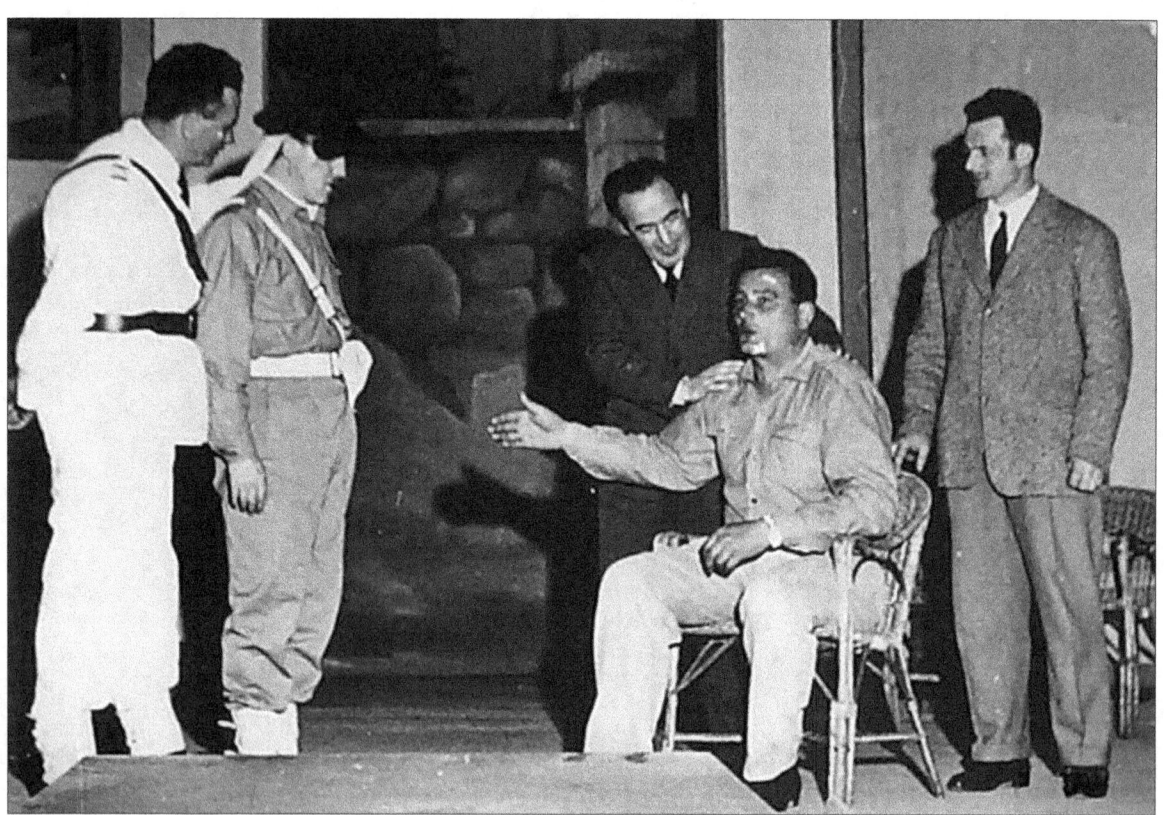

In questa vecchia foto della filodrammatica zanichese sono presenti diversi attori dei diari che pubblichiamo in questo libro: Il secondo da sinistra è Amilcare Cristini, subito dopo si vede Basilio Cristini in mezzo alla scena. Seduto, un malconcio (per esigenze teatrali) Antonio Zanchi, autore del diario che inizia alla pagina seguente. Presenti anche due noti attori dell'epoca Mario Cattaneo e Previtali.

ANTONIO ZANCHI

SETTEMBRE TRAGICO [1]

"Ai miei cari familiari, questo tema dedico con affetto"

Maggio 1945, la guerra è finita. Noi prigionieri abbiamo provato momenti di gioia infinita a questa notizia, che era attesa da lunghi anni; ora che si è avverata, ringraziamo il buon Dio che ci ha preservato da tutti i pericoli, i patimenti e le sofferenze fino al termine. Dopo che i liberatori sono arrivati fra noi, il ciclo della nostra vita ha preso subito un cambiamento enorme, sia per il trattamento sia per il vitto. Ora stiamo aspettando con un ottimo riposo, il giorno in cui i momenti attuali lo permetteranno agli alleati di inviarci nella nostra Patria, e a sua volta alle nostre care case.
In questo periodo di riposo, cerco di passare meglio il tempo, trovando un po' di svago scrivendo, per poi, un giorno ricordare. Ciò che narro è solo un minimo della mia vita militare e delle tristi avventure della prigionia".

I

Sono stato chiamato alle armi il giorno 4 gennaio dell'anno 1941. Fui assegnato a Pavia, al III° Regg. Genio. Alla III ͣ Comp. Artieri iniziai le istruzioni da geniere e il giorno 23 marzo dello stesso anno prestai giuramento di fedeltà al Re e alla Patria. Continuai così con disciplina le istruzioni di specialità Artieri e il giorno 28 marzo ebbi la qualifica di geniere scelto.
Il 10 luglio successivo, la mia compagnia fu trasferita a Gemonio (Varese) per il campo d'armi e poi a Avirate (Varese), nella caserma Guglielmo Marconi, ove è collocato un distaccamento del III° Regg. Genio. Là ci sono stato circa un mese e mezzo, e verso il termine del campo, fui esaminato e promosso caporale. Il giorno 13 agosto sono partito in compagnia di cento genieri, più gli ufficiali, per iniziare i lavori di una strada cammionabile sul monte Bornia, al confine che divide l'Italia con la Svizzera, (località Musignano Varese).
Là siamo stati attendati tre mesi e dopo che terminammo il lavoro che era stato assegnato dai nostri comandi, siamo rientrati a Gavirate (Varese), nella caserma Guglielmo Marconi, ove è collocato un distaccamento del III° Regg. Genio.
Dal 25 novembre alla metà di gennaio abbiamo avuto un periodo di risposo riguardo alla istruzioni militari, e in questo frattempo sono stato inviato in licenza da un mese. Licenza che ho passato a casa, magnificamente in compagnia dei miei cari familiari, fidanzata e amici.

---

1   **Curriculum**: Nato a Zanica (Bergamo) il 30/4/1920. Assistente edile. Sergente del 3° Regg. Genio. Ha partecipato alle operazioni della difesa di Roma dopo 18/9/1943. Internato Militare in Germania

Note storiche sul reparto: Motto: *"Arresto e distruggo"*

Il 3° Reggimento Genio Guastatori trae origine dal 3° Reggimento Genio il cui motto era "*Nihil Nobis Obstaculum*", il quale si costituì a Lodi il 1° aprile 1920 col concorso del 1° Reggimento Zappatori e del 3° e 7° Reggimento telegrafisti. Il 3° reggimento Genio si ricostituisce il 1 novembre 1926 per trasformazione del 2° Raggruppamento Genio di Corpo d'Armata. Dal 1934 al 1937 svolge funzioni di Reggimento Scuola, quindi, all'inizio del 2° conflitto mondiale, diviene centro di mobilitazione e costituisce il 2° Raggruppamento Genio Speciale d'Armata, che opera nella campagna d'Africa settentrionale fino allo scioglimento del maggio 1943, oltre a numerosi reparti delle varie specialità. Il Reggimento si scioglie nel settembre del 1943.
Le unità mobilitate dal Reggimento hanno partecipato alla Campagna in Africa orientale 1935-36, alla 2^ Guerra Mondiale nel fronte greco-albanese 1940-41, in Africa settentrionale 1940-43, nel fronte russo 1942-43 e nella difesa di Roma nei tragici giorni dell'armistizio del settembre 1943.

Ho ripreso poi la naia il primo gennaio del 1942 e dopo quindici giorni incominciarono a venire le reclute della classe 1922. Io fui scelto come istruttore. Quasi tutti i miei compagni anziani furono selezionati ed inviati sui vari fronti di guerra.
Così passai con le reclute il periodo delle istruzioni, e il giorno 23 aprile partimmo per il campo d'armi a Corteolona (Pavia).
Sulla fine di questo, arrivò il telegramma alla mia compagnia di inviare a Pavia all'ufficio mobilitazione i seguenti graduati: Cap. Zanchi Antonio, Cap. Ronchi Ettore, Cap. Gelmini Giuseppe e Taverna Agostino, per essere poi collocati effettivamente al 134° Btg. Misto Genio, nella 134ª Compa. Artieri speciali che da Pavia raggiungeva Ferrara, per essere ammessi alla Div.ne Corazzata Emanuele Filiberto Testa di Ferro.
Siamo partiti da Pavia il giorno 7 giugno 1942.

A Ferrara ci accantonavano in un vecchio convento di frati cappuccini, e la nostra permanenza colà fu di tre mesi circa. In questi tre mesi abbiamo fatto delle grandi manovre e delle marce in presenza di diversi Generali. In questo periodo a Ferrara ho meritato una licenza premio di sette giorni più due, e il giorno 20 agosto fui esaminato e promosso Cap. Magg.
Alla fine dell'agosto 1942 la Div.ne Corazzata E.F.T.F. venne trasformata da Div.ne Corazzata a Div.ne Celere, per motivi che noi soldati non abbiamo mai saputo, ed il mio Btg. Anziché seguire la detta Div.ne fu inviato alla sede di Pavia perché noi eravamo specializzati solo per truppe corazzate.
Siamo rientrati a Pavia il primo settembre del c.a. dopo pochi giorni, e precisamente il giorno 8 settembre sono stato inviato a Civitavecchia per un corso d'istruzione sui campi minati, can varie specie di mine italiane e estere. Il corso durò otto giorni ed il 16 settembre ritornati a Pavia alla mia Comp. che era stata accantonata al Castello Visconteo.
Il giorno 20 settembre i mie superiori mi concessero una breve licenza di 3 giorni. In questa occasione me ne approfittai per concorrere agli esami della 5° elementare, che ebbero luogo alle scuole T.Tasso (Bergamo).

Giovane recluta in mezzo a tanti suoi consimili....

Gli esami riuscirono ottimamente e subito ebbi il certificato dello studio. Ritornai a Pavia il giorno 23 e in quei momenti il mio Btg. era stato ammesso a far parte alla Div.ne Corazzata G.G.F.F. che si trovava ad Oasi di Siva (Africa settentrionale).

Abbiamo preparato tutto l'occorrente coloniale e il giorno 1 ottobre dovevamo partire per l'Africa. Invece due giorni prima arrivò un telegramma della G.G.F.F. di trattenersi ancora per un dato tempo a Pavia, perché la Div.ne doveva ulteriormente spostarsi.

Intanto che si aspettava l'ordine di partenza dal Ministero della Guerra si continuarono le istruzioni nella nostra specialità. Più volte il nostro reparto venne passato in rivista da Generali superiori. A Pavia si fecero delle grandi manovre sul fiume Ticino, alle quali presenziarono ufficiali superiori di vari corpi d'arme e rappresentati dello stato maggiore.

Fummo lodati e premiati con piccole beneficenze più volte per l'istruzione dimostrata dal mio Btg.

Il giorno 23 novembre dovevamo prendere rotta per l'Africa, ma anche quella volta venimmo fermati dai comandi superiori, perché in Africa settentrionale in

La classica foto in posa.. Scattata a Pavia.

quel periodo tutte le nostre forze armate stavano ripiegando su nuove posizioni per arrestare l'avanzata nemica. Invece in quel periodo il nostro esercito subì un'offesa molto superiore di quello che si credeva e dovette ripiegare sino alla penisola di Capo Bon (Tunisia), e a sua volta cessare la lotta in Africa. Cosicché la nostra Div.ne subì uno sfacelo.

Ho passato tutto l'inverno del 1942/43 a Pavia e il 12 febbraio 1943 usufruii una licenza di mobilitazione di giorni 15 più due. Siamo stati chiamati poi a far parte della Div.ne Corazzata Ariete nell'aprile del 1943. Questa Div.ne stava formandosi potente col compito di difendere il territorio nazionale.

Noi fummo chiamati a raggiungere la Div.ne che si trovava a Ferrara, per poterci preparare con essa. Siamo partiti da Pavia il 15 giugno e siamo stati accantonati a Mirabello, nei pressi di Ferrara.

Correva voce che presto si andasse a raggiungere la zona d'operazione. Difatti il 30 luglio arrivò l'ordine di partenza per Roma.

Siamo arrivati a Civitacastellana con un treno carico di tutto l'occorrente per il nostro Btg, abbiamo scaricato e partimmo di nuovo con l'autocolonna. Arrivammo a Campagnano di Roma ove c'era il comando della Divisione Ariete. Il Generale Cadorna, che ne era a capo, ci ordinò di attendarci in un bosco in cima ad una collina, alla distanza di cinque chilometri dal paese. Così facemmo!

Alzammo le tende sotto i fitti alberi di castagna e dopo due giorni iniziammo le istruzioni e manovre per tattiche di guerra. Era l'agosto del 1943.

In quei luoghi le incursioni aeree nemiche erano frequenti e disastrose nelle vicinanze di Roma, Viterbo, Rieti e Civitavecchia. Noi più notti uscimmo dalle tende per metterci al riparo, perché i bombardieri nemici, quando passavano a bassa quota, mitragliavano senza risparmiare cartucce.

In quel mese l'Armata Inglese e Americana occupava la Sicilia e sbarcava in più punti lungo la costa Calabrese.

Noi aspettavamo giorno per giorno di essere portati in linea, ma passò tutto il mese di agosto senza uscire da quel fitto bosco.

La nostra vita colà fu un po' malinconica, causa la solitudine e la cinghia che si faceva. Dato che non c'era libera uscita bisognava far bastare il rancio che ci davano, che in verità era buono ma scarso. Alla

Vari scatti del caporal maggiore (poi sergente) Antonio Zanchi sotto le armi

metà di agosto incominciò a maturare l'uva che c'era nei dintorni del nostro accampamento. Allora incominciò la strage della frutta. Soldati che di notte uscivano ed entravano con zaini colmi di frutta. I contadini reclamarono più volte ai nostri comandi e così costituirono una ronda ai vigneti contro i furti. Ma la fame aguzza l'ingegno anche contro gli ordini dei superiori e a nulla valse mettere le guardie, anzi dirò di preciso che erano le guardie stesse che pulivano i vigneti del loro prezioso frutto. Intanto venne settembre, e nei primi giorni ebbi la proposta al grado superiore. Fui esaminato in specialità ed il giorno 3 inviarono il mio foglio matricolare al comando di Div.ne per la promozione a sergente. Aspettavo che i documenti avessero a fare i loro corsi e fra giorni leggere sull'ordine del giorno i dati della promozione. Invece si vede che non ero destinato a guadagnare qualcosa sotto la naia (causa gli avvenimenti successivi.)

II

Il giorno 8 settembre, ci siamo riparati a più riprese nelle trincee dell'accampamento, causa la forte incursione aerea nemica nei dintorni di Roma. Alla sera, verso le ore 19, sentimmo per mezzo della radio, la notizia che l'Italia aveva chiesto l'armistizio. Alle ore 22.30 la notizia fu confermata, difatti ecco la voce del capo governo Badoglio: "Italiani! L'Italia nell'impossibilità di continuare la dura e impari lotta per recare meno danni alla nazione già martoriata da lungo tempo, ha chiesto l'armistizio alle forze alleate. Da questo momento tutti i soldati in Italia cessino il fuoco su tutti i fronti. Riprenderanno le armi in caso di eventuali sorprese."
Questa notizia dapprima ci rese allegri, ma io non ero persuaso che la guerra fosse giunta al suo termine. Non bisognava dimenticare che sul nostro territorio scorrazzava il cosiddetto alleato tedesco testardo che voleva resistere. Difatti da quel momento anziché segnare il termine della guerra, per noi iniziava un'altra era fac-simile ad una rivoluzione.
Difatti, dopo circa una mezz'ora dalla notizia dell'armistizio, arrivò l'ordine, fra tutti i reparti della nostra Div.ne Ariete, di armarsi e di formare dei posti di blocco sui provinciali di Roma.
Così fu l'ordine anche per la mia compagnia. Il mio Capitano formò dei gruppi e ci assegnò il posto blocco. Io fui scelto a far la guardia al blocco più avanzato del nostro accampamento, con la precisa consegna di non lasciare passare nessuno, dopo le ore 9, senza autorizzazione firmata dal comando dell'Ariete.
Mai nella mia vita militare avevo ricevuto un ordine così scrupoloso dato che la situazione era grave e bisognava agire con serietà, coscienza e soprattutto coraggio.
Appena ebbi l'ordine, scelsi un caporale e tre soldati. Prendemmo con noi una mitragliatrice Breda 37, un'abbondante quantità di cartucce, delle casse di bombe a mano, e ci appostammo sul posto assegnato. Intanto si era fatta notte.
Alla curva di una strada piazzammo la nostra mitragliatrice ed ognuno, al proprio posto, aspettava ordini in merito.
Era la notte tra l'8 e il 9 settembre del '43. I pensieri si affacciavano veloci alla mia mente: l'armistizio, gli ordini ricevuti, le mie situazioni precedenti. Insomma, avevo in me un'inquietudine che non mi dava pace. Ma ecco che, verso le 22, un rumore di motocicletta ci mise in guardia. Mi misi con il moschetto piantato in mezzo alla strada, e fermai la macchina.
Era un portaordini della nostra Div.ne diretto al mio reparto con regolare lasciapassare. Come seppi quasi subito, questi portava l'ordine alla mia compagnia di inviare immediatamente una squadra di genieri a minare i campi davanti agli accantonamenti tedeschi, perché pareva che questi volessero iniziare una marcia verso i comandi dell'Ariete. Quest'ordine fu ricevuto con scrupolosità dalla mia compagnia e subito il Capitano ordinò al S.Tenente Rosso Ettore di scegliere una squadra a cui poter assegnare quest'incarico delicato. Il tenente mi chiamò più volte all'accampamento per portarmi con sé, perché era mia specialità fare campi minati.
Invece mi trovavo fuori, già di servizio, e, dato che non c'era tempo da perdere, mi sostituì il sergente Bachis Dionigi.

Altre immagini di Antonio Zanchi sotto le armi, alcune goliardiche come quelle sopra e a lato. Le note scritte sul retro dicono: 1940: il più alto della compagnia. In effetti si vede chiaramente la distanza fra lui e i suoi commilitoni.

Sotto: al campo di addestramento di Gemonio (Va)

Fu scelta una squadra di dodici genieri più il caposquadra: caricarono, su tre camion Lancia Roo duemila mine a pressione di tipo C.S. e partirono. Appena arrivati al posto assegnato, iniziarono, con silenzio e bravura il delicato lavoro.

Dopo che posarono circa 1500 mine, si affacciava nel cielo il chiarore dell'alba. Erano circa le ore 6 del mattino, del 9 settembre.

Una colonna corazzata tedesca iniziava la sua marcia verso di noi. Appena questi arrivarono dove si stavano minando i campi, si fermarono. Un ufficiale tedesco scese da una macchina e si avvicinò al nostro tenente Rosso, ordinandogli di levare tutte le mine che avevamo deposto. A questo ordine il nostro ufficiale si rifiutò di obbedire dicendo che lui rispondeva solo agli ordini dei suoi superiori e non a quelli stranieri. A questa risposta, l'ufficiale tedesco prese per il petto il nostro tenente, come per sottoporlo ai suoi ordini, ma questi si liberò subito. Dopo qualche attimo di sguardi furiosi, l'ufficiale tedesco disse al tenente Rosso, facendogli vedere l'orologio: "Se, allo scadere di dieci minuti, le mine non saranno state tolte tutte, incominceremo a far fuoco contro di voi e i vostri soldati".

Il nostro tenente ancora una volta si oppose a questa proposta, poi si avvicinò ai nostri soldati e disse a bassa voce: "Ragazzi, qualcuno cerchi di squagliarsela per avvisare i nostri comandi".

Difatti tre dei nostri genieri ubbidirono prontamente, ma i tedeschi appena si accorsero che i nostri cominciavano a sparire, aprirono il fuoco con le mitragliatrici.

Il nostro tenente Rosso, che con disprezzo al pericolo era rimasto al suo posto, senza esitare fece saltare in un'unica esplosione il carico di esplosivo, sacrificando così la sua vita e quella dei propri soldati; morirono pure l'ufficiale tedesco e diversi suoi soldati. L'artiglieria della nostra Div.ne, che si era appostata durante la notte per una prevista mossa dei tedeschi, rispondeva subito prontamente. Così, da quel momento, per noi dell'Ariete, anziché terminare, la guerra iniziava. A questa battaglia, incominciata verso le ore 7 del mattino del giorno 9, presero parte tre Divisioni corazzate tedesche contro la nostra Ariete. Data la superiorità avversaria momentanea, il nostro generale diede ordine a tutti i reparti di ripiegare verso Roma, mentre quelli dei carri armati e dell'artiglieria contenevano la pressione avversaria. Intanto, al mio reparto stavano caricando tutti gli automezzi per seguire l'autocolonna. C'era una grande confusione: soldati che partivano isolati, ufficiali che davano ordini non precisi, insomma era tutto un sottosopra.

Io e miei compagni del posto di blocco non sapevamo cosa fare: si aspettavano ordini in merito. Passò il nostro Maggiore tutto eccitato. Chiesi che cosa dovevamo fare: "Resistere fino all'ultimo!" mi rispose, poi se ne andò. I miei compagni presenti ricevettero questa risposta non con molta simpatia. Nessuno di loro si sarebbe fatto ammazzare così per niente, tanto più che ora la guerra era finita, e subito se ne andarono di corsa attraverso i campi.

Così rimasi solo con il caporale, che pure mi consigliava di lasciare il posto e ritornare all'accampamento.

Io insistetti di rimanere al posto assegnato fino a che fossero venuti a portarmi l'ordine di ripiegare, perché nonostante tutto, la responsabilità era mia.

"Ho ricevuto un ordine e devo eseguirlo" dissi "Se vuoi ascoltarmi, attendiamo e vedremo la piega che piglieranno le cose. Se arriveranno i tedeschi li accoglieremo come si meritano, finchè avremo munizioni, poi ripiegheremo".

Intanto che si facevano discussioni, passò una macchina con un colonnello dell'artiglieria. Vedendomi, fermò la macchina e mi disse: "Chi ti ha dato l'ordine di rimanere qui?" subito risposi "Il mio Sig. Magg." che arrivò giusto in quel momento.

Il colonnello gli disse: "Vi pare una cosa giusta, Maggiore, far resistere due uomini persi inutilmente e anche una mitragliatrice contro i carri armati?"

Il mio Magg. non fiatò. Il colonnello mi disse di prendere subito la mitragliatrice e le munizioni, e di ritornare al mio reparto.

Così feci, ritornai all'accampamento, ove c'era una gran confusione. Ufficiali che sbraitavano, soldati

Nelle due foto: Granatieri a Porta san Paolo tentano una resistenza ai tedeschi Settembre 1943.

che correvano di qua e di là senza sapere dove andare, insomma succedeva quello che realmente accade in una ritirata. Io, non sapendo cosa fare, caricai la mitragliatrice e le munizioni su un camion, corsi alla mia tenda, presi lo zaino, una coperta e mi misi sulla strada ad aspettare che qualche automezzo m'avesse a prendere. Difatti quasi subito passò un mio compagno con un camion già carico di soldati della mia compagnia, mi prese con sé e si fece tutti incolonnati assieme alle altre macchine per andare verso Roma. Lungo questa strada, si vide una gran confusione: soldati isolati per i campi che si dirigevano verso le loro case, borghesi che nascondevano nelle grotte delle colline romane maiali, capre, asinelli, ecc...
Intanto io pensavo alle situazioni che aveva creato questo armistizio.
Ebbene, arrivati presso Roma ci incontravamo con reparti della Div.ne Centauro. Il nostro Generale fece fermare subito la nostra colonna e si accordò con i superiori di questi, per ripiegare assieme finché avessero trovato un terreno adatto per fare resistenza contro i tedeschi. Difatti così si fece ed eccoci davanti al colle di Tivoli.
Il generale Cadorna ordinò che i reparti della Centauro si schierassero lungo la strada che conduce a Terni, quelli della Piave lungo la strada che conduce a Napoli e noi dell'Ariete ci postammo sulla collina di Tivoli. Intanto venne sera.
Le nostre artiglierie e carri armati si battevano contro i tedeschi con tenacia, e malgrado la superiorità nemica di mezzi e uomini, l'Ariete resisteva senza subire gravi perdite.
Noi del 134° Btg. Genio ci accampammo dietro la città di Tivoli, sotto gli alberi d'olivo a da lì si attendevano ordini dal comando di Div.ne.
Nella notte regnò la calma da ambe le parti e all'avvicinarsi dell'alba del giorno 10, un immenso fuoco d'artiglieria tedesca annunciava l'attacco contro la nostra Div.ne. Il nostro Generale passò a tutti i reparti l'ordine di resistere sino all'ultimo.
Verso le ore 11 del mattino una compagnia di paracadutisti tedeschi tentarono un attacco contro di noi, ma fu fallito e questi rimasero prigionieri.
Nel pomeriggio, più volte ci siamo preparati per il contrattacco, ma grazie alla collina di Tivoli si stava solo in resistenza e i tedeschi arrivavano fin sotto la collina e poi dovevano indietreggiare per non avere la peggio.
Così, anche il giorno 10 settembre passò senza concludere nulla. La notte fu pure calma e anche all'alba nessun segnale di lotta.
Verso le ore 10 del mattino, arrivarono al nostro reparto cinque genieri i quali avevano fatto parte, due giorni prima, della squadra del valoroso Tenente Rosso.

Si può immaginare la nostra accoglienza a questi cari compagni che l'avevano scampata miracolosamente.

Tutti radunati attorno, compresi gli ufficiali, ansiosi di sapere l'avventurosa impresa, facemmo loro raccontare com'era successo. Il racconto fu doloroso per noi tutti e più ancora per i nostri superiori, quando seppero di preciso che il tenente Rosso era caduto da eroe. Un istinto di vendetta contro i tedeschi si era inculcato in noi, tanto che quasi tutti volevano attaccarli al più presto, per vendicare i compagni.

Invece gli ordini furono diversi, quando si seppe che in Italia tutti i soldati avevano consegnato le armi ai tedeschi.

Nel pomeriggio un parlamentare tedesco venne al comando della nostra Div.ne per trattative. Il nostro Maggiore, ritornato la sera del rapporto, fece presagire qualcosa di spiacevole, perché mai lo si era visto con quella faccia pallida, avvilito in se stesso.

Noi soldati, ansiosi di sapere, gli corremmo incontro e gli domandammo il risultato del rapporto.

Lui, con la voce fiacca e le lacrime agli occhi, disse: "Armatevi e adunatevi subito qui, vicino a me".

In due minuti fummo tutti adunati, ed ecco il nostro Maggiore che parlava: "Ragazzi, quattordici mesi fa, come oggi, prendevo il comando di questo battaglione. Ho vissuto con voi quattordici mesi di gioia, Voi avete sempre dimostrato di volermi bene, come io a voi, come se foste stati miei figli. Io vorrei non abbandonarvi fino al momento di vedervi tornare nelle Vostre famiglie; purtroppo non posso, però Vi accompagnerò con lo spirito. Vi dico questo - disse - perché vi sono circostanze che hanno condotto allo scioglimento dell'Esercito Italiano. Noi dobbiamo consegnare le armi ai tedeschi, perché per noi la guerra è finita e possiamo andare alle nostre case. Prima di lasciarvi, vorrei che si ricordassero i nostri cari compagni caduti, facendo l'appello".

Difatti diede il comando d'attenti e di presentat'arm e fece l'appello ai nostri caduti:

Tenente Rosso Ettore
Sergente Fachis Dionigi
Cap.le Colombo Giovanni
Gen. sc. Zaccanti Augusto
Gen. Reina Angelo
Gen. Trombini Gelindo
Gen. Orbis Mario

Dalle nostre labbra uscì un commosso "presente". Poi il Maggiore soggiunse: "Ora, per l'ultimo saluto, lasciate che ad uno ad uno vi baci". Furono momenti di strazio quelli, perché anche a noi rincresceva lasciare il nostro Maggiore che ci aveva sempre voluto bene. Poi si fece avanti il Capitano della mia compagnia e disse: "Ragazzi miei, lasciate che vi chieda l'ultimo favore. Vorrei che per l'ultima volta in cui siamo tutti uniti, aveste a dormire accanto a me per sentirvi, ancora una volta, vicini".
Così si fece.
Sdraiati per terra accanto al nostro Capitano, passammo tutta la notte tra l'11 e il 12 settembre.
Alla mattina, caricate tutte le nostre armi sugli automezzi andammo a consegnarle ai tedeschi.
Intanto il nostro comandante andò al comando Div.ne per sentire un po' cosa si dovesse fare.
Verso le 9 del mattino tornò con queste parole: " I tedeschi mi dissero che siamo liberi di andare a casa come ci pare". Allora con calma ci riunimmo in gruppi, per provincia, e decidemmo di partire subito, perché scorta di viveri non se ne aveva e, per evitare la fame, bisognava raggiungere casa al più presto.
Un saluto e un bacio ai più cari compagni e poi con le lacrime agli occhi, si andò sulla strada che conduceva a Roma. Provai un grande dolore, quando feci per partire, vedendo il mio capitano appoggiato ad un camion, e accasciato nel dolore e tutti i suoi soldati andarsene via così, all'improvviso.
Io non potei resistere a quella vista. Mi avvicinai a lui e, con voce straziante, dissi: "Sig. Capitano, vorrei salutarvi". Lui, con un singhiozzo accorato, si voltò e mi abbracciò; baciandomi, mi disse: "Addio, Zanchi, ricordati sempre di me".
Con le lacrime agli occhi, scattai per l'ultima volta sull'attenti dicendogli: "Comandante Sig. Capitano!" Poi mi voltai di scatto e corsi a raggiungere i miei compagni.
Abbiamo camminato per due chilometri circa e siamo arrivati alla stazione ferroviaria di Tivoli Terme. Abbiamo aspettato un'ora e poi si montò sul treno che seguiva la via Pescara-Roma.
Arrivati a Roma, in stazione c'era una grande confusione. Comunque noi non perdemmo tempo e montammo su un treno diretto a Milano. Questo partì alle ore 7 del mattino. Durante il viaggio molti convogli di persone, di soldati che, contenti perché terminata la guerra, tornavano a casa. Noi più volte si domandò a questi passanti cosa succedeva verso il Nord. Tutti rispondevano: "Niente, niente, tutto bene. La guerra è finita, abbiamo finito la naia, evviva!".
Noi, contenti, si faceva viaggio felici di ritornare a casa.
Verso le ore 11 del mattino, arrivati ad una stazione nei pressi di Firenze, c'era un plotone di soldati tedeschi che salirono proprio sul vagone dove c'ero io, ci fecero scendere perché dovevano andare a Firenze d'urgenza, cosicché fra tutti i miei compagni bergamaschi, siamo rimasti in tre.
Qui abbiamo aspettato un paio d'ore, poi arrivò un treno che ci portò sino a Firenze. Anche in questa stazione, una gran confusione di soldati che andavano a destra e a sinistra.
Noi, senza perdere tempo, demmo un'occhiata alla tabella degli orari per le partenze dei treni e convenientemente prendemmo il treno per Genova.
Qui siamo arrivati a mezzanotte del giorno 13 settembre.
Nella stazione di Genova non si verificò la confusione delle altre stazioni precedenti: forse sarà stato per la tarda ora.
Ebbene, qui si doveva aspettare il treno per Milano che partiva all'1 del mattino. Intanto che si aspettava, con i miei due compagni mi sono sdraiato vicino ad una colonna dei portici della stazione per riposare un po', perché la stanchezza si faceva sentire. Finalmente venne l'ora della partenza.
Il treno per Milano era formato da carri bestiami nei quali c'erano due o tre panche per potersi sedere. Questo treno, come al solito, era affollato e per di più, in quei giorni di movimento. Comunque fu trovato un angolo anche per noi tre.
Non si poteva dormire, dato l'affollamento del vagone, cosicché si discusse un po' tra noi delle situazioni e del viaggio, poi, vedendo i viveri rimasti, convenimmo: "Non ci resta che una pagnotta e una scatoletta di carne in tre, tireremo la cinghia fino a Milano poi mangeremo questo poco, dopodiché speriamo di arrivare a casa per mezzogiorno".

Invece una grane illusione. Arrivati nei pressi di Tortona qualche borghese che si trovava lungo la ferrovia gridava: "Militari! Scendete perché qui a Tortona c'è il posto di blocco tedesco!"
Queste voci a noi facevano poca impressione, perché niente s'immaginava di quello che poteva succedere, e avendo visto tutta la strada che si era fatta, si diceva tra noi: "Quale posto di blocco? Ci fereìmeranno ancora a guardare negli zaini se abbiamo delle armi e poi ci lasceranno andare". Comunque, si diceva tra noi, le precauzioni non sono mai troppe. Allora così si fece.
Si pregò due o tre donne di rimanere sedute quando il treno si fosse fermato, così avremmo potuto nasconderci in caso di rastrellamento tedesco. E così andò.
Arrivati alla stazione di Tortona, qualche soldato tedesco ispezionò i vagoni facendo scendere i militari, e noi, data l'oscurità della notte, riuscimmo a farla franca e il treno riprese verso Milano. Subito noi tre progettammo che, se alla prima stazione non ci fossero stati tedeschi, saremmo scesi e avremmo visto cosa sarebbe successo.
La prima fermata fu a Voghera. Nella stazione c'erano molti tedeschi. Fermarono il treno e fecero scendere tutti: militari e borghesi, donne e bambini.
Subito formarono una colonna e ci portarono sotto il portico della stazione, ove c'era luce.
Nessuno tentò di scappare, perché dicevano che c'era il controllo per verificare se avevamo armi. Invece subito formarono due colonne: una di uomini vecchi, donne e bambini, e una di militari e borghesi che dall'apparenza dimostravano di avere meno di quarant'anni.
Da qui, accompagnati con debita scorta di soldati tedeschi armati, ci portarono alla caserma della cavalleria di Voghera...

III

Arrivati davanti alla caserma, il portone era chiuso. Un soldato tedesco bussò. Aprirono e ci fecero entrare. Subito chiusero il portone. Appena entrati, chiesero il nome a tutti e ci condussero alle camerate. Queste erano già affollate da coloro che erano stati rastrellati il giorno prima.
Tutti dicevano che da lì si andava a Mantova per la smobilitazione e, cavandocela, entro un paio di giorni saremmo arrivati a casa. Frattanto si fece mattino. Noi tre ci sdraiammo sulle brande per riposare un poco. A mezzogiorno ci chiamarono per il rancio.
Ci diedero un po' di riso cotto, un pezzetto di formaggio e due pagnotte ciascuno, dicendoci che dovevano bastare anche per la sera, perché si andava a Mantova. Da allora incominciai ad essere inquieto e pensavo non troppo bene dei tedeschi, perché ricordavo l'esperienza di tre giorni prima quando, nella lotta, avevano ucciso parecchi miei compagni.
Frattanto dal portone ne entravano sempre altri, scortati da gruppi di soldati e borghesi. Venne la sera. Verso le 20 fecero l'adunata di tutti: saremo stati quattromila e fra noi c'erano ufficiali di tutti i gradi e di tutti i corpi d'arma. All'imbrunire ci fecero uscire incolonnati in ordine e, con numerosi tedeschi armati, ci portarono di nuovo alla stazione.
La folla correva a vedere: c'erano le donne che piangevano di nuovo e ci salutavano facendoci coraggio. Le loro parole m'impressionarono e mi fecero pensare male. Immaginavo un trucco dei tedeschi.
Fuggire non si poteva, le guardie tedesche facevano da cordone ai margini della strada. Pensai di potere avvisare i miei genitori.
Frugai in fretta nelle tasche, estrassi dei pezzi di carta e scrissi due o tre indirizzi di casa mia, e mentre camminavo raccolsi dei piccoli sassi. Arrotolai su di essi quegli indirizzi di carta e cercando di non farmi vedere dai tedeschi, li gettai nella folla che, addolorata, assisteva al nostro passaggio. Arrivati alla stazione di Voghera, tramite ufficiali interpreti italiani, ci dissero ancora che ci portavano a Mantova. Ci fecero salire una sessantina per ogni carro bestiame, ci buttarono un po' di pane nero e ci chiusero dentro. Noi raggruppati presso gli stretti pertugi dei carri merci, guardavamo fuori e ci chiedevamo

chi poteva darci spiegazioni in merito a quello che succedeva. Anche la popolazione di Voghera non sapeva niente. L'unica cosa che si diceva era che ci portavano a Mantova per la smobilitazione. Frattanto, molte signorine correvano con cesti di mele: ne distribuivano per ogni vagone, fino a che lo stantuffo della macchina si mosse. Un saluto alla popolazione di Voghera e poi il treno prese la corsa nel buio della sera. Fra noi la malinconia aumentava sempre più, ma poi si diceva. Tutt'al più sarà per due o tre giorni, poi si andrà a casa perché ormai per noi la guerra è finita.
Arrivammo a Mantova verso la mezzanotte ma il treno non si fermò.

Noi ansiosi di sapere dove ci portavano, gridavamo fuori dai finestrini verso la gente che si trovava alle stazioni, chiedendo se sapevano qualcosa della nostra situazione. Si sentiva dire che erano già due o tre giorni che passavano convogli di soldati e si vociferava che si andava a Verona.
La notte si avvolse nelle sue tenebre. Non si poteva neanche riposare: eravamo ammucchiati dentro e non ci si poteva sdraiare o prendere sonno.

I giorni relativamente tranquilli di Pavia erano finiti. Antonio nei pressi del castello.

Venne l'alba del giorno 15 settembre e si arrivò a Verona. Anche qui il treno proseguì e pareva persino che accelerasse sempre più la corsa.
Arrivati alla stazione di Ala, nella provincia di Trento il treno si fermò grazie al disco rosso. Qui si sostò circa due ore. Vedemmo mamme che, piangendo, correvano a cercare i loro figli, ma i tedeschi non ci aprivano le porte dei vagoni. Signorine che dimostravano amor di patria e di affetto verso i loro fratelli sventurati, ci porgevano frutta, pane, vino, attraverso i finestrini dei carri. Raccoglievano indirizzi, ci confortavano con belle parole, ma poi alla partenza ci lasciavano con un nodo alla gola, perché loro sapevano che ci portavano via, dato che era già da giorni che passavano queste tradotte. Il treno si avviò verso Trento, e a tutto vapore viaggiava verso Bolzano. Intanto si fece notte.
Io avevo un nodo alla gola che non potevo riposare. Mi misi vicino ad un pertugio del carro e, con le lacrime agli occhi, pensavo alla casa, alla fidanzata, alla cara Italia che stavamo per lasciare senza saperne il motivo.
Con le lacrime agli occhi, fissavo le montagne e i paesi che sfilavano sotto il mio attonito sguardo. Era il 15 settembre, e mi pareva di sentire il mio caro tenente che mi diceva, quando mi regalò una camicia nuova da ufficiale: "Questa la indosserai il giorno 15 settembre, quando metterai i galloni di sergente". Piangevo in silenzio. Presi lo zaino, estrassi la camicia ancor nuova e la indossai, ricordando tristemente la data in cui avrei dovuto festeggiare la mia promozione. Arrivati alla stazione di Bolzano, di notte, un frate cappuccino e delle ragazze ci confortavano portandoci della frutta. Qui il treno sostò poco e si diresse poi verso il Brennero.
Arrivati alla mattina del giorno 16 settembre, verso le ore 7, eravamo tutti in piedi a guardare le ultime case d'Italia. Si vedevano, affacciati alle finestre, dei bambini e delle mamme che ci salutavano. Poco dopo non si vedeva più, alle piccole stazioni, lo scritto in italiano; non si parlava più la nostra bella lingua; non c'erano più le nostre care donne che ci salutavano, ma s'incominciarono a vedere i visi atroci dei tedeschi che ci facevano segno con i pugni. Sentimmo una stretta al cuore noi soldati italiani, alla frontiera.

A quella vista abbassammo lo sguardo e non si ebbe più il coraggio di guardare fuori. Passarono tre giorni, dalla frontiera al posto dove fummo fatti scendere dal treno. Tre giorni lunghissimi, pieni di malinconia e di fame, perché non ci avevano dato più nulla dopo Voghera. Non si sentiva più una parola di conforto, di incoraggiamento. Nelle stazioni delle città tedesche si sentivano grida e minacce contro di noi. Gridavano: "Badoglio caput!"

Non so dire le lacrime che versammo in quel viaggio, specialmente quando il pensiero sostava sui cari famigliari che si pensava di non rivedere mai più. Il giorno 19 settembre, quando il treno si fermò, ci aprirono i vagoni: eravamo a Bremenvord, nei pressi di Brehme. Lì c'era un plotone di soldati tedeschi ben armati, che ci accolsero per portarci nel campo di concentramento. Eravamo stravolti, indeboliti, stanchi per il viaggio; molti di noi non avevano la forza di reggersi in piedi.

Un mio compagno di viaggio aveva un po' di febbre e si sentiva male, ma i soldati tedeschi non ascoltavano scuse: bisognava incolonnarsi e camminare per raggiungere il nostro destino, che era distante dodici chilometri dalla stazione.

Nell'attraversare Bremenvord, dovemmo camminare a testa bassa, perché i borghesi che assistevano al nostro passaggio ci sputavano in faccia; i ragazzi ci tiravano i sassi dicendoci: "Badogliani".

Dopo aver camminato per quasi due ore attraverso vie di campagna, s'incominciarono a vedere dei grandi recinti di reticolati, che circondavano numerose baracche.

IV

Era il campo di concentramento di Bremenvord XB.

Mi fece tanta impressione vedere quei grandi reticolati: prigionieri russi, francesi, serbi, che vestivano cenci, erano magri, pallidi e avevano due occhi che assomigliavano a quelli di belve nelle gabbie. Ebbene, appena fummo arrivati, prima di entrare, venne un'automobile di lusso, dalla quale scesero due uomini vestiti di nero. Erano due fascisti addetti alla propaganda in Germania. Saliti sopra il cofano della macchina, uno si mise a parlare con le mani ai fianchi, come faceva il loro capo. L'altro, con le braccia incrociate e le gambe divaricate, stava immobile imitando il segretario del suo capo. Questi che parlava aveva un accento piuttosto meridionale, la grammatica italiana era poco rispettata e ogni tanto si alzava sulle punte dei piedi dandosi un'aria di oratore. Disse: "Soldati italiani, prima di farvi entrare nei reticolati, vi voglio invitare a rinnovare la vostra fede di soldati partecipando con noi, fascisti e tedeschi, per schiacciare al più presto il comune nemico. Quelli che non accetteranno di venire con noi, non avranno più il diritto di alzare la faccia di fronte al mondo e dovranno accettare le sorti di internati traditori". Infine disse: "Quelli che desiderano venire con noi, alzino la mano". Eravamo, tra soldati e ufficiali, circa quattromila, e avranno alzato la mano tre soldati e quattro o cinque ufficiali. A questa vista, l'uomo nero si arrabbiò e gridò contro di noi: "Fate schifo!"

Un colonnello rispose subito: "Voi fate schifo, con la vostra falsa propaganda". L'uomo nero chiamò l'interprete tedesco e disse: "Portate via questo ufficiale e questi portateli nel campo e trattateli come meritano i traditori". "Grazie" dicemmo noi.

Questo bruto si allontanò con la macchina e noi fummo spinti all'entrata. Si entrava in fila indiana, e ad uno ad uno, venimmo perquisiti.

Ci presero lo zaino con tutto il contenuto e, a gruppi ci portarono un po' per baracca. La mia portava il numero 13-A.

Era una baracca vecchia, costruita per i prigionieri della guerra 1915, tutta ammuffita, buia ed umida, dei tavolati unti e bisunti completavano la mobilia della baracca. Appena dentro, ognuno cercò di sistemarsi alla meglio, occupando lo spazio di mezzo metro circa, perché eravamo in molti. Intanto la fame si faceva sentire: erano quattro giorni che si mangiava poco e per questo si sperava che, essendo arrivati al posto assegnato, ci dessero da mangiare. Invece passò tutta la giornata e venne anche sera senza vedere niente. Eravamo rassegnati, perché si sperava sempre che quella vita durasse pochi giorni.

Vorrei descrivere come abbiamo passato la notte, ma per ricavarne il sunto basta sapere che non si poté dormire, perché una quantità di bestioline di tutte le razze ci avevano tormentato.

Venne mattina. Alle ore 5, sveglia e adunata appena fuori della baracca. In quest'occasione dicemmo all'interprete di chiedere a quella brava gente quando ci avrebbero dato da mangiare.

I tedeschi dissero che ce ne avrebbero dato verso mezzogiorno e quello sarebbe stato per gli altri giorni l'orario del rancio. "Regolatevi" disse un soldato tedesco "mangerete una volta al giorno".

Entrati nella baracca, si attese l'ora del rancio. Finalmente, ecco due soldati tedeschi: chiamarono due soldati italiani per ogni baracca perché andassero a prendere la marmitta del rancio e il pane. Si attese una mezz'ora prima che i nostri compagni arrivassero.

Inquadrati tutti fuori la baracca, ad uno ad uno si prendeva il rancio in una scatoletta tutta arrugginita, che ci avevano dato appena arrivati al campo. Bisognava vedere che rancio: faceva venire il vomito solo a vederlo. Era composto di pezzetti di rape e qualche buccia di patata e per di più senza sale, roba che in Italia non danno nemmeno ai maiali.

Ebbene, molti di noi, arrabbiati, lo buttavano via, mentre molti lo assaggiavano per poi andare in un angolo a rovesciarlo. Questo fu il primo piatto che i nostri alleati tedeschi offrirono ai loro ospiti. Entrammo nella baracca muti, guardandoci in faccia l'uno con l'altro, come per chiederci: "Come andrà a finire per noi?".

"Pazienza, finirà presto" si diceva. Dopo una mezz'ora ci adunarono di nuovo e ogni quattordici uomini ci diedero un pane di un chilo e mezzo.

Prigioniero nr. 151672 XB

Questo era tutto quello che ci davano ogni 24 ore nel campo di concentramento di Bremenvord. Alla domenica, invece della zuppa di rape, ci davano la zuppa di segatura di legno. Intanto i giorni passavano e la fame aumentava sempre più. Nei primi giorni, molti non mangiavano la porcheria che ci davano, ma poi più nessuno la buttava via, anzi: se ce n'era ancora, la divorava.

Nel nostro recinto di reticolati, ci fu la fortuna di avere con noi un Cappellano Militare. Tutte le sere, serrati attorno a lui, si recitava il Santo Rosario; poi egli ci consolava con le sue care parole, facendoci capire, di accettare quei sacrifici e quei patimenti con rassegnazione, mantenendo sempre la fede nel Buon Dio che pure, sul Calvario, aveva molto sofferto per il bene di tutti, per poi risorgere glorioso. "Anche noi" diceva questo caro apostolo "se avremo fiducia in Dio, ritorneremo a casa felici e anche noi risorgeremo".

Di mattina recitava la Santa Messa, la domenica confessava e dava la Santa Comunione. Dato che non poteva avere le particolare da consacrare, prendeva un pezzetto di pane che ci davano i tedeschi per il rancio, lo faceva in tante briciole e lo consacrava per poi distribuirlo. Così si passavano i giorni nel campo, senza notare tutte le altre particolarità per dormire e per la pulizia.

Dopo quindici giorni che eravamo al campo, quando si camminava, bisognava appoggiarsi l'uno all'altro, altrimenti non ci si poteva reggere in piedi. Una volta al giorno, in una cinquantina, attaccati ad una fune, si doveva trainare un carro pesante dell'immondizia fuori dal campo. I soldati tedeschi armati, ci accompagnavano e quelli che non tiravano, erano frustati come le bestie.

Un giorno ci selezionarono a seconda della professione e, appena arrivati gli ordini al campo, ci spedirono al lavoro.

Noi di questo eravamo contenti, purché ci facessero uscire dal campo, perché si diceva: "Se ci fanno lavorare, ci daranno qualcosa da mangiare".

Finalmente il giorno 15 ottobre 1943 arrivò la richiesta di un migliaio di uomini per Amburgo. Anch'io vi fui incluso.

Ci chiamarono per nome, ci diedero mezzo chilo di pane e circa due etti di salame e, tutti inquadrati, accompagnati da un ufficiale tedesco e numerosi soldati armati, ci condussero alla stazione di Bremenvord, a prendere il treno per Amburgo. Il viaggio durò due giorni ed ebbe lo stesso effetto del tragitto percorso venendo dall'Italia.

Rinchiusi nei vagoni, quel poco che ci avevano dato da mangiare bastò solo per un giorno, poi cinghia. Però il nostro morale si era alzato un po', perché si aveva sempre speranza che, andando a lavorare, ci avrebbero dato da mangiare. Invece, illusione...

V

Arrivati ad Amburgo la mattina del 19 ottobre 1943, ci portarono circa sei chilometri fuori città e ci accantonarono in un solaio sopra un grande magazzino di materiale bellico. Questo sito era chiamato Barenfeld Amburgo-Altona. Qui, appena arrivati, ci diedero due coperte ciascuno, un po' di paglia e un po' di spazio (come nel campo di concentramento) per poterci sdraiare a dormire. Alla sera ci diedero quattro patate ciascuno da mangiare. Le divorammo senza sbucciarle né pulirle.

Il giorno dopo vennero i compratori di schiavi. Questi dovevano essere i nostri (sceff). Ci adunarono, selezionati per professione e, qualcuno per ditta, ci vendettero per lavorare. Io fui scelto dalla ditta Hochhban di Amburgo e precisamente la ditta tranviaria. Della mia ditta eravamo in 300: cinque muratori, dieci falegnami, cinque imbianchini, cinquanta meccanici ed il resto manovali. Io prestavo servizio in qualità di muratore: quello era il mio mestiere anche da borghese in Italia.

Il giorno 21 ottobre si incominciò il lavoro. Sveglia alle ore 4, adunata per la partenza al lavoro alle 4 e mezzo, sei chilometri di cammino e si arrivò al posto assegnato.

Qui le guardie tedesche ci consegnarono agli sceff (capi) e poi ritornarono al campo. In questa ditta fummo divisi in sei squadre di cinquanta uomini ciascuna. Ci occuparono in sei stabilimenti dove fabbricavano le carrozze per i tranvai. Io fui assegnato alla sesta squadra. Tutto questo era in ordine, ma ciò che più interessava a noi prigionieri era il vitto, perché erano già due mesi che si tirava cinghia sino all'ultimo foro, e a causa di questo, eravamo tutti in deperimento organico.

Ma di questo i tedeschi non s'interessavano. Il loro interesse era piuttosto il lavoro, perché a tutti i costi volevano vincere la guerra. Ma per fortuna questo non si avverò. Sul lavoro, ogni quattro prigionieri, avevamo uno sceff che ci faceva la guardia, così fu l'ordinamento sul lavoro. Il primo giorno noi muratori fummo portati in una fabbrica ad intonacare i muri delle stanze. A mezzogiorno, quando lo sceff ci fece segno di smettere il lavoro, noi credevamo che ci dessero qualche cosa da mangiare. Invece si stava solo a guardare i tedeschi come facevano a masticare. Quando questi ebbero finito, si riprese il lavoro.

Noi non potevamo più reggerci in piedi. Furono momenti, quelli, di disperazione quasi, tanto più che ci minacciavano con i bastoni se non si lavorava. Farsi intendere non si poteva, perché tanto da una

parte quanto dall'altra non ci si capiva un'acca. Bisognava trangugiare tutto con rassegnazione.
Alla sera, terminato il lavoro, ci portarono al magazzino di fabbrica. Là c'erano i soldati tedeschi che ci accoglievano con spintoni. Poi, si rifacevano i sei chilometri per ritornare al campo chiamato Lager. Appena dentro, ad uno a uno ci facevano la rivista e ci perquisivano per vedere se al lavoro non si avesse rubato qualcosa: i tedeschi dicevano che noi italiani eravamo ladri. Certo che, fra tanti, qualcuno (specialmente tra i più giovani, deboli di fronte al bisogno, e mai provati dalle asperità della vita) prendeva dove trovava, ciò che gli mancava; allora se i tedeschi, quando perquisivano trovavano qualcuno con qualcosa; lo punivano a legnate o lo frustavano, come un negro o uno schiavo.
Eppure, a voler riflettere, anche questi non potevano essere puniti, senza attenuanti, perché, dove c'è un prolungato logorio fisico e nervoso, nasce a poco a poco lo squilibrio morale. Questo succedeva perché era troppa la fame che si pativa. Terminata la rivista, alla sera ci radunavano e, per punizione, ci facevano stare in piedi senza muoverci due o tre ore, a seconda della punizione che ci davano; altrimenti ci facevano fare la ginnastica. Terminato ciò, ci davano una scodella di zuppa, pressappoco come quella del campo di concentramento: due etti di pane nero e circa dieci grammi di margarina.
"Questo" ci dissero "deve bastare sino a domani sera" e così era tutti i giorni. Si mangiava quel poco ogni ventiquattro ore. Noi dicevamo: "Quasi era meglio nel campo di concentramento, perché almeno là non si lavorava". Ma i tedeschi non ascoltavano nulla. Alle ore 21 ogni sera, bisognava mettere tutti i calzoni e le scarpe nel corridoio dove dormivano i soldati tedeschi e poi bisognava dormire. C'erano quelli che non ubbidivano: erano legnate e frustate che prendevano. Così era la vita di tutti i giorni ad Amburgo.
La vita, tra noi compagni di sventura nei Lager, era più brutta della fame. Il sangue si era avvelenato di rabbia. Tutte le più piccole sciocchezze erano motivo di lite, di insulti con parolacce: insomma, era un vivere da belve affamate. Questo dipendeva dalla fame che regnava e dal maltrattamento dei tedeschi, che ci avevano fatti diventare così.
Il morale era basso sino alle calcagna, non si sapeva mai nulla di quello che succedeva in Italia e della guerra.
Scrivere non si poteva, e per questo non ci era dato modo di sperare di ricevere notizie da casa. Frattanto i giorni passavano. Molti fra noi si ammalavano, e nessuno ci curava. Di pulizia ce n'era poca. Le divise nostre si erano logorate. Gli animi erano ormai ulcerati dagli strapazzi fisici e dal tormento morale. Poi venne l'inverno a rendere più gravosa la nostra situazione. Freddo e fame erano i nemici più duri da combattere.
Io non sapevo più cosa pensare. Amici non ne avevo, perché ero rimasto solo e non conoscevo nessuno. Domandavo qualcosa ad uno e non mi rispondeva, domandavo ad un altro e mi diceva di arrangiarmi. L'unico mio conforto era quando pensavo all'esistenza di Dio, che mi era amico più degli altri.
Mai mi sono sentito un dolore, fra tutti questi patimenti, nemmeno un minimo mal di testa. Tante volte, quando mi coricavo, pensavo alla vita che si faceva e talvolta mi coprivo la testa con la coperta: piangevo in silenzio, specialmente quando pensavo a tutti i miei cari a casa, che in quel momento forse pregavano per me, allora anch'io mi quietavo e, col pensiero al buon Dio, recitavo qualche preghiera e mi addormentavo.
Così fu per i primi mesi. Poi il Signore mi fece la grazia della rassegnazione a tutto in attesa fiduciosa del giorno in cui tutto sarebbe terminato.
Talvolta però si perdeva di coraggio, perché i tedeschi ce ne facevano di tutti i colori. Però da allora incominciai a cambiare vita riguardo al morale; anzi, ero quello che teneva allegri i compagni, raccontando loro delle barzellette. Venne il Natale del 1943. Giorni di strazio.
Senza notizie da casa, i ricordi di circostanza natalizia mi tormentavano. Poi passò.
Il 1944 incominciò un po' meglio. Nei primi giorni dell'anno, una mattina al magazzino lavoro c'era un uomo tedesco, a cui occorreva un muratore nella fabbrica di Jangherit-Amburgo, dove lavorava la prilla squadra della nostra ditta. Mi scelsero e con costui andai al lavoro. Dal magazzino a questo

Uno schizzo dell'autore sull'entrata del lager.

stabilimento ci saranno stati circa tre chilometri. Durante la strada, quest'uomo che mi accompagnava mi guardava ogni tanto, ma non mi diceva nulla (tanto, anche a parlare, né l'uno né l'altro ci saremmo capiti). Mentre percorrevo questa strada, col pensiero recitavo il S. Rosario, pregando la Madonna che mi guidasse ad un posto buono. Così facevo tutte le mattine.

Difatti la Madonna esaudì questo mio desiderio. In quei giorni faceva un freddo da gelare. Mi assegnarono il lavoro in un salone chiuso. Fin qui il freddo era riparato. A mezzogiorno, quest'uomo mi portava sempre una scatoletta di minestra di circa un litro, cosicché, pur non sfamandomi abbastanza, incominciavo però a camminare un po' più diritto.

Qui trovai un caro compagno bergamasco che poi mi divenne caro amico per tutta la prigionia. Alla domenica ad Amburgo non si lavorava, e i borghesi ne approfittavano per far lavorare alla loro casa i prigionieri, ricompensandoli con un pezzo di pane.

In questo stabilimento conobbi un certo Peter Matzen di Amburgo. Questi aveva la casa distrutta dai bombardamenti, e chiese a me se la domenica, (dietro autorizzazione del comandante del Lager) volessi andare a casa sua a lavorare: per questo, mi avrebbe trattato bene, dandomi da mangiare. Io gli dissi che sarei stato contento, purché me l'avesse permesso il comandante del campo.

Difatti, il permesso fu ottenuto.

Alla domenica mi portò a casa sua. C'era una donna con tre bambini. L'accoglienza fu ottima: mi fecero subito la colazione e poi al lavoro. Era un benestante questi e desiderava costruire una piccola casetta in mattoni. Così si fece. Incominciai le fondamenta e alla sera, terminato il lavoro della giornata, mi diede da mangiare in abbondanza e poi mi riportò al Lager. Contento del lavoro che gli avevo fatto, tutte le domeniche mi veniva a prendere; così, almeno una volta alla settimana, mi sfamavo.

Un giorno, il cuciniere dello stabilimento dove ero occupato, mi portò a casa sua a lavorare e per ricompensa, tutti i giorni mi dava un secchietto di minestra. Me la nascondeva sotto la scala della cucina ed io, al momento opportuno, andavo a prenderla; poi chiamavo il mio amico e la si mangiava assieme.
Ad Amburgo in quei mesi incominciai ad ambientarmi.
L'unico pensiero che mi turbava erano le notizie da casa che non ricevevo. Il primo scritto che potei inviare fu del giorno 10 gennaio 1944; il primo che ricevetti fu del 2 maggio 1944.
Giorno, quello, di gioia e di lacrime.
Appena al Lager mi consegnarono la posta, due lacrime mi scesero dagli occhi, specialmente nel leggere e nel sapere che tutti i miei cari stavano bene: piangevo non tanto di dolore, quanto di gioia.
Così tutti i giorni attendevo sempre e quando sentivo che mi chiamavano i compagni, correvo ogni volta ansioso di vedere se c'era posta anche per me. Se non ricevevo nulla, toglievo dalla tasca la prima lettera ricevuta e la rileggevo come se fosse la prima volta che la vedevo.
Un giorno ad Amburgo arrivò l'ordine di formare un Battaglione di prigionieri per inviarli in Sassonia, nei pressi di Halle, perché i bombardamenti erano frequenti e occorrevano uomini per lo sgombero delle macerie e per riattivare gli stabilimenti distrutti, che in quei luoghi erano numerosi.
Formarono un Battaglione di mille prigionieri e per completarlo presero un po' di prigionieri in ogni Lager di Amburgo.
Disgraziatamente, noi della ditta Hochban ci presero tutti, perché eravamo già formati in una compagnia. L'ordine di partenza per il posto fu fissato per il 15 giugno 1944. Io, con dieci miei compagni, fui lasciato ad Amburgo per lavorare come muratore; c'era con noi un ufficiale e quattro soldati tedeschi. Ci occuparono a lavorare in costruzione di rifugi antiaerei di cemento armato. Le incursioni aeree ad Amburgo erano frequenti, ed il 28 giugno ci fu un grande bombardamento. Lavorammo allo sgombero delle macerie e dopo cinque giorni arrivò l'ordine del comando di rientrare anche noi nel Battaglione, perché occorrevano muratori. Sapere di andare in un altro posto nuovo in qualità di prigionieri non era molto simpatico, e dato che eravamo già ambientati ad Amburgo ci dispiaceva, ma in conclusione non ci potevamo fare nulla. Per i tedeschi eravamo schiavi, e per questo ci guidavano dove volevano, trattandoci come più piaceva loro.
Lasciammo Amburgo il giorno 4 luglio 1944 e, dopo due giorni di viaggio, ancora rinchiusi nei vagoni del treno, arrivammo al posto assegnato, precisamente a Krumpa Geiseltal, dove c'era un grande stabilimento che lavorava il carbone per produrre benzina sintetica.

VI

Arrivammo nel campo, dove c'erano i nostri compagni, alle ore 11 di sera, il giorno 6 luglio 1944. A quell'ora i nostri compagni dormivano e, appena noi entrammo nella baracca, alcuni si svegliarono. Vendendoci dissero queste testuali parole: "Siete arrivati anche voi qui all'inferno".
Al primo momento non facemmo caso a quelle parole e, coricati, dormimmo. Alle ore 4 del mattino la sveglia. Appena vidi i miei compagni, rimasi fortemente impressionato. Non li conoscevo più: facce pallide, dalle guance infossate, lasciavano le impronte dei patimenti. Al primo amico che vidi, dissi stringendogli la mano: "Come va la vita qui?" Questi, con gli occhi umidi di pianto, mi rispose: "Male... si lavora dodici ore al giorno, compresa la domenica; ci bastonano senza motivo e si mangia, una volta al giorno, un pezzetto di pane e una tazza di zuppa. Era la realtà. Si lavorava in questo stabilimento di Kruppa, accompagnati sempre dai soldati. Sul lavoro non si poteva sostare un minuto per riposare, perché erano calci e schiaffi che si prendevano. Il giorno 7 luglio 1944 ci fu un grande bombardamento. Al segnale d'allarme, siamo scappati tutti lontano nei campi, ma disgraziatamente una decina dei nostri compagni furono vittime delle bombe. Lo stabilimento era del tutto distrutto e la maggior parte delle case erano ridotte in macerie. Il nostro Lager invece non subì alcun danno, cosa questa un po' seccante per i Tedeschi. Appena terminato il bombardamento, i soldati tedeschi adunarono tutti i

prigionieri e, a frustate, ci fecero sgomberare le strade dalle macerie crollate dalle case. Pareva persino che le bombe le avessimo gettate noi. Anche per questo si doveva masticare rabbia ed ingoiare senza fiatare, per non avere la peggio.

I borghesi non ci potevano vedere e per questo ci disprezzavano, ci insultavano con parolacce e, quando si passava vicino a loro, ci davano degli spintoni. Si davano l'aria di essere dei superuomini, camminavano sempre ritti, superbi e orgogliosi di essere dei sassoni tedeschi. Ognuno di questi, anche il più ignorante, comandava una squadra di prigionieri, facendosi ubbidire con un frustino nelle mani, pronto sempre a sferzare chi non lavorava in fretta. Noi oramai, dopo un anno circa che eravamo in Germania in quelle condizioni, non capivamo e non badavamo più a niente: assomigliavamo a tanti fantocci di legno. I tedeschi ci spingevano da destra a sinistra, ma noi non fiatavamo. Dopo tanto, non si piangeva più.

Il nostro serbatoio di lacrime oramai era vuoto, perché di frequente si rovesciava; il sangue si era avvelenato, a causa dello squilibrio morale che regnava sempre. Notizie da casa arrivavano ma non a tutti: a chi giungevano, erano di date esageratamente arretrate. Poi venne una data che non dimenticherò mai nella mia vita: il giorno 20 luglio 1944.

Verso le ore 10 del mattino suonò l'allarme aereo, d'improvviso. Si vociferava in quei giorni sul fatto che anche noi prigionieri potessimo andare a ripararci nei rifugi antiaerei che si trovavano nelle miniere di carbone, in apposite gallerie. Difatti si corse alla miniera e si entrò in una galleria, ove c'erano anche i borghesi. Saranno passati dieci minuti dal momento in cui eravamo entrati: si sentì il rumore dei bombardieri che sorvolavano il nostro stabilimento. Poco dopo si sentì il cigolio delle bombe cadere dagli apparecchi. Incominciò un vero terremoto. L'artiglieria tedesca sparava a tutto fuoco, ma le numerose squadriglie dei bombardieri alleati picchiavano sodo.

Ad un tratto entrò, nel rifugio, un tedesco, che gridò forte: "Raus Badoglio!" ("Fuori i Badogliani!") e tutti i tedeschi furibondi risposero altrettanto.

Ebbene, con le armi in pugno, a calci e a schiaffi, buttarono fuori dal rifugio tutti noi prigionieri. Fuori c'era la morte che ci poteva cogliere, perché si era in pieno bombardamento. Stare dentro non si poteva, perché i tedeschi ci avrebbero uccisi a legnate, cosicché dovemmo metterci nelle mani del buon Dio. Appena fuori dal rifugio non ci si vedeva, a causa della nebbia artificiale che i Tedeschi spargevano durante i bombardamenti. Le schegge d'artiglieria piovevano da tutte le parti ed ogni tanto si sentiva lo sgancio delle bombe dagli apparecchi. C'era una grande confusione tra noi. Dove ripararsi? Uno scappava a destra, l'altro a sinistra. Io corsi finché ebbi fiato, poi mi buttai a terra entro un piccolo scavo. Era il finimondo: uno che gridava, l'altro che piangeva, un altro che chiamava la mamma, bombe che piovevano da tutte le parti. Io rimasi fermo in quel posto fino a che sentii il rumore degli apparecchi che si allontanavano; poi balzai in piedi e corsi ancora verso l'estremità della miniera. Qui c'era un grosso tubo di ferro appoggiato a terra nel quale si erano già infilati una cinquantina dei miei compagni. M'infiltrai anch'io dentro questo tubo. Intanto, il rumore di altre squadriglie si avvicinava.

Noi dicevamo: "Questa è la nostra fine". Un nostro compagno con voce straziante, disse: "Se qualcuno di voi ha un po' di fede, reciti con me il S. Rosario". Tutti strepitanti e rannicchiati entro questo tubo, balbettavamo recitando il S. Rosario. Ogni tanto pareva che il bombardamento volesse finire, ogni tanto invece infuriava. Pareva che da questo riparo di circostanza non ci fosse la speranza di uscire incolumi, tanto che qualcuno usciva e correva anche sotto il fuoco, per trovare un rifugio più sicuro.

Invece questo nostro piccolo riparo era ben sodo, perché intorno a noi c'era la corazza divina. Quei poveri sventurati che ci avevano lasciato, invece, poco lontano incontrarono la morte. Anch'io in un primo momento avrei voluto uscire, ma una visione mi si presentò davanti, e mi trattenne. Mi pareva di vedere i miei cari lontani che piangevano e una voce mi sussurrava: "Non muoverti... Non muoverti...". Questo bombardamento durò circa tre ore, durante le quali recitammo il S. Rosario cinque volte affinché la Madonna ci salvasse.

Usciti dal riparo, eravamo stravolti, un po' per lo spavento e un po' perché messi male, ci si guardò in giro: era tutto sottosopra.

I tedeschi, furibondi con noi e senza curarsi di raccogliere i morti, ci spinsero al lavoro. Si può immaginare come si passavano i giorni.

Anche le notti erano sempre interrotte dagli allarmi e bombardamenti. Il trattamento da parte dei tedeschi, peggiorava sempre più. Quando al campo arrivavano dei pacchi da casa, per qualche prigioniero era una grande festa; ma anche in questo caso i soldati tedeschi ci mettevano il naso: ci proibivano di cucinare il riso e la pasta che i nostri cari ci avevano mandato da casa.

Per questo, molti si arrangiavano a cucinare in fabbrica dove lavoravano e quelli che non ci riuscivano, dovevano arrangiarsi o altrimenti mangiare pasta o riso crudo. Nel Lager, fra noi prigionieri, si viveva come gli zingari: sporchi, laceri e per di più con una quantità di bestioline che ci tenevano compagnia. Fra noi non si ragionava più, cosicché ognuno doveva vivere indipendente dall'altro. Io, fortunatamente avevo un caro amico. Ci aiutavamo a vicenda, come se fossimo stati più che due fratelli; ambedue rassegnati alla volontà di Dio, passammo assieme le tristi giornate della prigionia, dividendo, parimenti le sofferenze, i patimenti e la fame. Tanto per citare una particolarità, quando uno aveva anche solo un pezzetto di rapa, metà era per l'altro.

Venne il Natale del 1994, Natale triste come quello dell'anno precedente. In quel giorno venne al campo un sacerdote tedesco cattolico e, con l'assoluzione concessa dal S. Padre ai prigionieri, ci confessò quasi tutti.

Celebrò la S. Messa e somministrò la S. Comunione. Per il resto, la giornata del S. Natale fu una grande malinconia. Passarono ancora tre mesi lunghissimi e, con ravvicinarsi della S. Pasqua dell'anno 1945, i bombardamenti aerei aumentavano ed il cerchio della guerra, in Germania, si stringeva sempre più.

È inutile accennare tutte le particolarità delle volte in cui scampammo ai bombardamenti, tanto io quanto il mio amico. Basti dire che eravamo in 300 della mia compagnia e rimanemmo in 167: assomigliavamo a tanti scheletri a causa della fame, del lavoro, del poco riposo, e talvolta anche delle legnate.

Passò la S. Pasqua e la guerra si avvicinò a noi.

Finalmente il giorno 14 aprile 1945 venne il momento della liberazione. Arrivarono le truppe americane a tagliare i reticolati. Momenti di gioia quelli. Non so descrivere quanto entusiasmo ci fu in quel giorno, quando fummo liberi. Allora incominciarono le stragi ed i vandalismi.

Si usciva a gruppi e si prendeva tutto quello che si trovava: maiali, mucche, capre, galline, pane, patate; insomma, dopo quindici giorni dalla liberazione, avevamo cambiato faccia e la fame non si fece vedere più. Il comando americano ci disse di stare uniti e di attendere: appena terminata la guerra, ci avrebbero riportati in Italia. Allora si attese con un ottimo risposo. Al Lager qualcuno portò un pianoforte e altri strumenti musicali. Alla mattina si dormiva finché si voleva, alla sera si cantava e suonava sino a tarda ora, e quando non si aveva da mangiare si andava a prenderlo dove fosse, nelle botteghe o nelle case.

VII

Il giorno 8 maggio 1945 la guerra cessò.

Non so dire come e perché quel giorno non diventammo pazzi dalla gioia. Portammo persino al Lager un apparecchio radio e tutte le sere si ascoltava la voce d'Italia che da tanto non si sentiva più. In quei giorni si parlava di un prossimo rimpatrio. Intanto si aspettava il giorno della partenza. In questo frattempo conobbi un certo Hermann Schmith di Munchsen, il quale mi fece lavorare (a seconda della mia volontà) a casa sua, costruendo quattro camere. Mi trattò benissimo dandomi da mangiare in quantità e roba buona. Alla domenica mattina io ed il mio amico si andava a cinque chilometri di distanza, nella frazione di Michselin, dove c'era una chiesetta di cattolici. Si sentiva la S. Messa e più volte si fece la S. Comunione, ringraziando il buon Dio che ci aveva preservati da tutte le avversità della guerra.

Il giorno 19 luglio fu la data della partenza per il rimpatrio. Formato un convoglio di circa 70 carrozze, il treno partì dalla stazione di Munschen. In sette giorni attraversammo tutta la Germania centrale e

sud-occidentale ed il giorno 26 luglio, alle sette di sera, arrivammo al Brennero.
Non so descrivere la gioia che provammo e le lacrime che versammo.
Tutti scendemmo dal treno baciando la ferra del suolo italiano. Arrivati a Bolzano, di notte, ci accolsero con entusiasmo. Ci diedero da mangiare e poi si ripartì. Alla stazione di Pescantina (Verona) c'era una Commissione per ogni provincia dell'opera Pontificia, la quale con automezzi ci portò ognuno alla propria città. Non appena arrivati a Bergamo in Via Galliccioli, ci accolse una gran folla di gente, la quale attendeva con ansia i suoi figli. I nostri cuori battevano forte per l'agitazione di essere ritornati dai nostri cari.

Entrati nel posto di ristoro che la Commissione Bergamasca aveva costituito per i reduci della prigionia, ci diedero da mangiare ed intanto informarono le nostre famiglie. Nella cappelletta della Madonna ci inginocchiammo, pregando e ringraziando la Madonna e Gesù che ci avevano guidati e preservati da tutti i pericoli in prigionia. Poi vennero i miei cari familiari a ricevermi, con abbracci e lacrime di gioia. Poi, per completare la felicità, vennero anche gli amici e i parenti a casa mia, per festeggiare il mio ritorno.

Zanchi Antonio

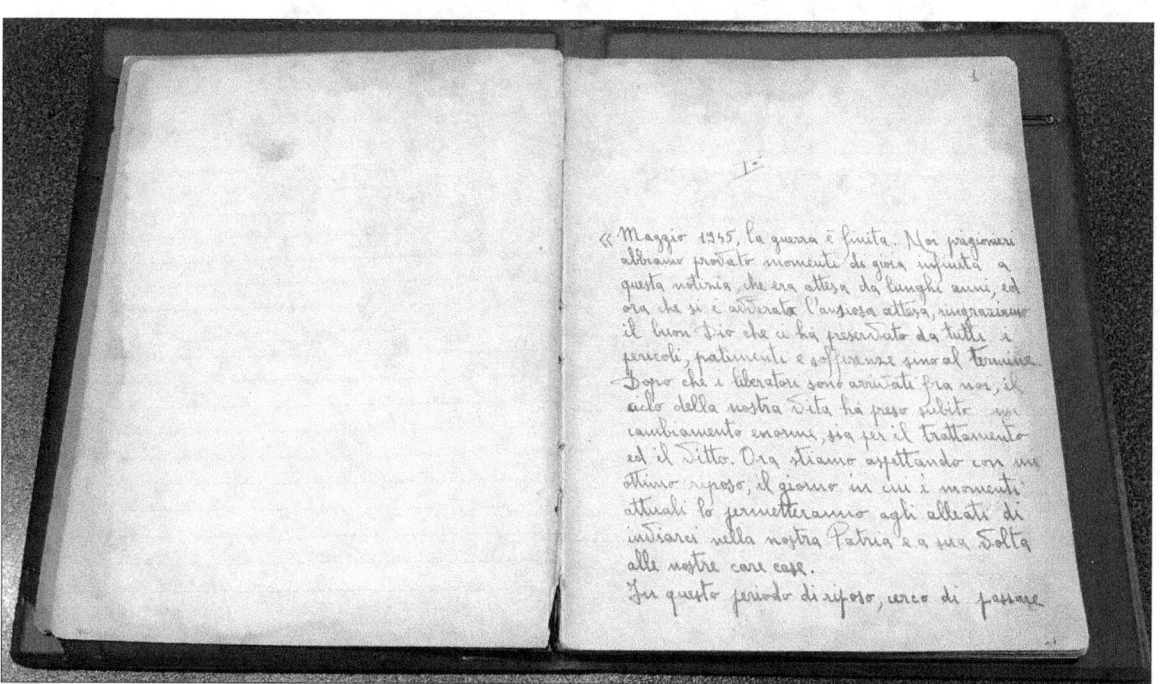

L'originale del diario, conservato da Maddalena Zanchi, figlia di Antonio, che ringrazio in modo particolare per avermi concesso l'onore di pubblicare i ricordi di suo papà.

Giovani zanichesi pronti per la guerra... In posa sul selciato dell'attuale Piazza papa Giovanni XXIII. Siamo riusciti a scoprire l'identità soltanto del ragazzo in centro alla foto. Si tratta di Luigi Rampinelli, che finirà disperso in Russia.

"USQUE AD INFEROS"

AGOSTINO BROLIS UN PILOTA ZANICHESE DELLA REGIA AERONAUTICA

Il Ten. Pil. Agostino Bolis, nato a Bergamo, il 25 luglio 1914, fece parte della **253ª Squadriglia AS del 104° Gruppo** che operò dopo l'armistizio nel Sud d'Italia, prima nel Trasporto e successivamente nello "Stormo Baltimora", prima unità da Bombardamento della Regia Aeronautica al Sud.

In precedenza, il ten. Brolis era stato in servizio nel **41° Gruppo AS**, il cui motto era *"Usque ad inferos"* (fino all'inferno) famoso reparto della specialità aerosiluranti comandato dal Magg. Massimiliano Erasi, un insuperabile protagonista della specialità per coraggio ed abilità e futura MOVM.

La notizia dell'appartenenza di Brolis al 41° Gruppo è riportata da cap. Enrico Marescalchi comandante della 253ª Squadriglia nel suo libro di memorie [1]:

La fine di luglio 1943 e la prima decade di agosto trascorrono tra il mantenimento e la messa a punto dei velivoli tornati a cinque, e il controllo e la preparazione del personale nuovo assegnato (Ten. Brolis, S. Ten. Magotti, S. Ten. DeCarlo e M.llo Tagliabue) a incremento di quello rimasto

All'epoca Brolis aveva 29 anni, non era un ufficiale di carriera in quanto non proveniva dai corsi re-

Il ten. Agostino Brolis assegnato nel luglio del 1943 alla 253 Squadriglia e proveniente dal 41° Gruppo

golari dell'Accademia Aeronautica. Aveva sicuramente accumulato nel 1943 un po' di anni di anzianità nei ranghi della Regia Aeronautica dal momento che rivestiva il grado di tenente.

Non sappiamo a quando risale la sua assegnazione ad una delle due Squadriglie del 41° Gruppo (**204ª Squadriglia e 205ª**). E' assai probabile che abbia operato in Egeo dal momento che il 41° Gruppo, nella specialità di aerosilurante, effettuò missioni di guerra sull'isola di Rodi, dal **gennaio all'agosto del 1942**. Rientrato a Pisa i primi dell'agosto 1942, gli uomini del 41° Gruppo dopo una fase di riposo e di

---

[1] E. Marescalchi : *"Cinque Anni alla 253aSquadriglia (giugno 1940-Maggio 1945)*

addestramento, nell'aprile del 1943 ripresero l'attività operativa dai campi della Sardegna (Decimomannu) nella lotta di contrasto al naviglio alleato, nei porti e lungo le coste dell'Algeria.

La 253ª Squadriglia AS, come abbiamo accennato è l'unità nella quale il ten. Agostino Brolis svolse l'attività da luglio 1943 fino alla fine della guerra. L'unità effettuò tra il mese di **luglio e agosto del 1943** diverse missioni notturne di siluramento nei tratti di mare della Sicilia occupata dagli alleati con partenza dal campo trampolino di Galatina in prov. di Lecce.

L'8 settembre l'unità fu sorpresa dall'annuncio dell'armistizio mentre con i suoi S.79 siluranti era in volo, dopo essere decollata da Ampugnano vicino Siena, per dirigersi verso Sud a contrastare la flotta alleata nelle acque di Salerno.

Interessante ripercorrere quel che fu l'8 settembre del Ten Brolis e le successive fasi drammatiche del suo trasferimento al Sud.

Una scelta, quella di ubbidire agli ordini ricevuti, che possiamo anticipare fu del tutto volontaria, dal momento ebbe più occasioni se avesse voluto per puntare la prua del suo S.79 verso i campi collocati nel Nord dell'Italia.

L' **8 settembre** Brolis era, come detto tra gli equipaggi in volo per attaccare la flotta alleata a Salerno. Era il secondo pilota del comandante cap. Enrico Marescalchi che così ricorda quella particolare missione:

Il ten. Agostino Brolis assegnato nel luglio del 1943 alla 253 Squadriglia e proveniente dal 41° Gruppo

*"...nella notte tra l'8 e il 9, prossima alla luna piena sono stati comunque disposti attacchi con siluro nel golfo di Salerno contro unità navali che stanno effettuando uno sbarco, e anche due aerei del 104° Gruppo con altri quattro del 41° Gruppo partecipano all'operazione partendo da Siena; poco dopo la partenza del cap. Alfredo Reyer, comandante della 252ª Squadriglia, alle 19,40 decolla il cap. Marescalchi con il **ten. Brolis** come secondo pilota, i quali con rotta Orbetello, Ostia, Circeo, Capri dovranno portarsi nella zona di mare antistante Salerno per attaccare una delle tante navi che vi stanno operando. Nonostante lo spirito non sia dei più idonei per condurre un'azione così rischiosa, tanto più a conoscenza delle fine delle ostilità, l'equipaggio prosegue nel suo volo con il marconista pronto a captare eventuali comunicazioni relative alla missione in atto; poco prima di Ostia infatti si ha notizia di rientro alla proprie basi per i bombardieri ma, non essendovi cenno agli aerosiluranti, il velivolo prosegue il volo. Sorvolato il Circeo giunge ordine di rientro anche per gli aerosiluranti e quindi, come previsto il Capo equipaggio si porta a Guidonia per l'atterraggio notturno dopo oltre tre ore di navigazione; qui trova i membri dell'aereo della 252 Squadriglia con i quali si attendono, ma invano, notizie ed ordini, fino oltre le due delle notte"*[2]

Le vicissitudini sono solo all'inizio per Brolis e per tutti gli uomini delle forze armate che vissero quel drammatico momento di sbando generale.

Il **9 settembre** a mattino i due S.79 ripartono alle 7,30 alla volta di Ampugnano e portatisi sul mare sono oggetto di fuoco contraereo da parte di una piccola formazione navale. Giungono a Siena, dopo essere rientrati sulla costa, alla ore 9,30. La giornata passa invano in attesa di notizie e ordini così come il giorno 10. Chi con fermezza e serenità si erge in quei momenti è il Magg. Erasi che riesce a tenere compatti gli uomini sia il 104° Gruppo che il 41° rifiutando di rendere inefficienti i velivoli come insistentemente chiesto dal ten. col. Gigli comandante dell'aeroporto.

Nella mattinata del 11 giungono da Littoria otto S.79 del 132° Gruppo. L'aeroporto di Pisa nel frattempo è stato occupato e le notizie che giungono dalla Sardegna non sono confortanti in quanto il campo di Milis, sul quale il comando della III Squadra Aera aveva dato ordini di trasferimento, giunge notizia che è occupato dai tedeschi.

Si stabilisce alla fine, dopo aver scartato le soluzioni di alcuni di avviarsi verso la Sicilia o verso le Baleari in attesa di una schiarita di dirigersi in Sardegna dove per primo sarebbe atterrato Erasi che avrebbe dato il segnale con un razzo verde se avesse trovato il campo libero da tedeschi. Si decide per

---

2 Enrico Marescalchi op.cit.

la compattezza e affiatamento dei reparti di effettuare il decollo con in testa gli aerei del 41° a seguire quelli del 104° tra cui quello di Brolis con a bordo il seguente equipaggio:

S.79 della 253ª Squadriglia MM.24452 - **Ten. pil. Agostino Brolis**, S.M. Pil. Lorenzo Bottini, Serg. gov. Pasquale Pellegrini, Av. Sc. Mot. Luigi Betto, Av. Sc. Arm. Pietro Campanile, Av. Sc. Mot. Eugenio Volpano, Av. Sc. Mont. Buono Balzan[3]

E' il mattino del **11 settembre** l'ordine di decollo non viene rispettato, dopo la partenza degli aerei del 41° Gruppo, e la partenza della sola 252ª Squadriglia, quella di Brolis è scavalcata da quattro della 278ª Squadriglia a causa del ritardo nella messa in moto di due velivoli. Questi ritardi sono salutari perché giunge ordine di revoca di atterraggio a Milis e disponibile l'aeroporto di Decimomannu. Nel frattempo era ritornato sul campo un S.79 della 252ª Squadriglia decollato in orario e che in un precipitoso atterraggio imbarda e danneggia il velivolo dopo essere stato attaccato da caccia tedeschi a nord della Maddalena in rotta per Milis.

Alle 11,45 finalmente Marescalchi insieme al ten Dattrino, Ten Brolis, Ten Coloni sten Di Carlo e il massimo possibile di specialisti si dirigono verso la Sardegna e atterrano a Decimomannu alle ore 14.25. Qui trovano due aerei della 252 che rimasti isolati per un attacco aereo tedesco subito e ricevuta la comunicazione in volo lanciata da Siena si erano diretti su quell'aeroporto. A Milis intanto dopo l'atterraggio di S.79 alla guida di Erasi sono catturati e verranno rilasciati solo dopo la precipitosa fuga dei tedeschi verso la Corsica.

Seguiamo le vicende del Ten Brolis.

Dopo due giorni di sosta a Decimomannu alle 14 del **13 settembre** Brolis insieme agli altri 5 S.79 della 253ª Squadriglia e 6 S.79 del 132° Gruppo si dirigono verso Castelvetrano. Dopo un'ora di volo in vista delle Egadi viene incontro alla formazione italiana una grossa pattuglia di P.38 Lightning americani, alla vista della quale, secondo le disposizioni armistiziali, tutti i velivoli di allargano, riducono velocità e tirano fuori il carrello.

L'atterraggio non è dei più belli forse per la tensione accumulata, il ten Dattrino imbarda e danneggia gravemente l'aereo.

Tre giorni di sosta a Castelvetrano poi partenza per Agrigento dove gli equipaggi trasportati in città sono sistemati all'Hotel dei Templi, dove però nessuno può muoversi dalla città.

Infine il **21 settembre** Brolis e gli altri suoi compagni ripartono per il campo di Korba in Tunisia. La sensazione che hanno tutti è quella di essere finiti in un campo di concentramento.

In attesa di quanto verrà deciso sulla loro sorte i piloti e tutto il personale sono sottoposti a interrogatorio dai servizi informativi inglesi e statunitensi che cercano di ottenere notizie sui reparti, schieramenti ed attività dei tedeschi di cui ovviamente nessuno sa proprio nulla.

La "prigionia" dura relativamente poco perché la Commissione armistizio ottiene di far rientrare gli equipaggi dirottati nel campo di Korba

Il **2 ottobre 1943** La 253ª squadriglia rientra in Italia da Korba in Tunisia con i *sei SM 79* efficienti rimasti al 104° Gruppo (Marescalchi, Silvio Cella, Dattrino, Coloni, **Brolis**, Felici) sui quali è imbarcata la maggior parte del personale trasferitosi al sud. L'aeroporto di Galatina è raggiunto alle ore 15,30. Questo volo coincide simbolicamente con la cessazione dell'attività di aerosilurante.

Dopo il rientro da Korba infatti gli S.79 della 253ª Squadriglia oramai vetusti e obsoleti furono disarmati e adibiti all'attività di trasporto.

Diverse sono le testimonianze di colleghi che hanno combattuto con Brolis al Sud e che lo ricordano nelle loro memorie.

Non fu un periodo per niente facile, per uomini abituati a affrontare i rischi dei combattimenti sul mare, ritrovarsi al trasporto di cose e persone, a causa del mancato ricambio del materiale aeronautico per il fatto che le aziende aeronautiche erano tutte ubicate al Nord del Paese e non per ultimo per la diffidenza del "nuovo alleato" nei confronti dell'ex nemico.

---

[3] Nino Arena 1943-1945 vol 1

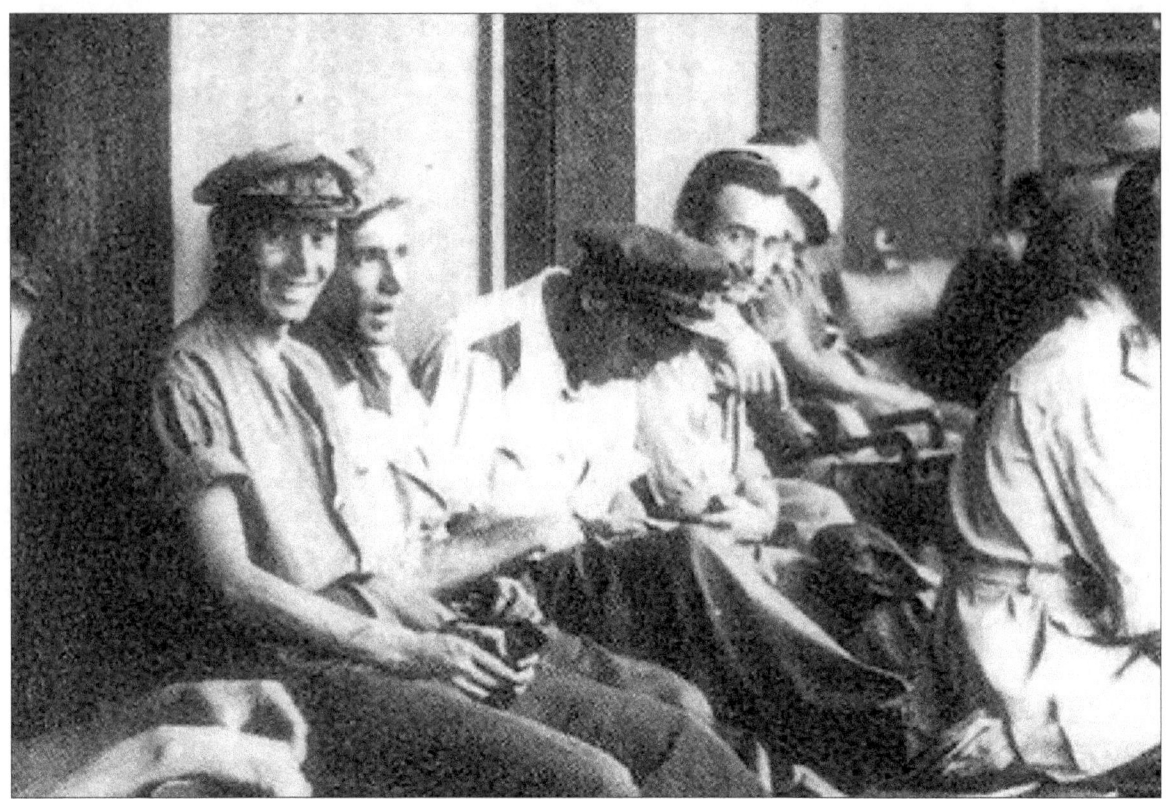

Il ten. Agostino Brolis a Galatina nel gennaio del 1944

Anche l'attività di trasporto fu svolta in modo sporadico. Nel mese di novembre la 253 Squadriglia effettuò con la Sardegna solo due voli di cui uno il 17 con il **Ten Brolis** e Serg.Maccario con partenza da Galatina e rientro nei giorni successivi.

Brolis è ricordato dal suo comandante Marescalchi per essere stato uno degli ufficiali a cui non venne meno la dedizione al dovere e all'impegno, nei mesi successivi all'armistizio nonostante il disfacimento morale e materiale della Nazione:

*Galatina aeroporto: "...In **gennaio (nda 1944)** oltre ai lavori sui velivoli (SM 79 ndA) per renderli più idonei al trasporto di persone e materiali mediante la sistemazione di pianali e panche nell'interno della fusoliera e l'abolizione delle armi di bordo e dei paracadute per i membri dell'equipaggio (lavori che danno lo spunto per riportare umoristicamente la nuova attività in un disegno distintivo della Squadriglia) si prosegue nei lavori di sistemazione di una baracca in legno da adibire a comando, mensa e ritrovo per il 132° Gruppo. A questa opera si dedica con slancio tutto il personale e sotto le valide istruzioni del Ten. GAri Ciampolini Giulio e dei **tenenti piloti Brolis Agostino** e Crespi Roberto[4], con il lavoro abile e geniale dei bravissimi montatori, armieri, elettricisti, motoristi e avieri di governo, pian piano si vede crescere, leggermente sopraelevata sul terreno pantanoso, una gradevole costruzione a forma di L, veramente funzionale e pratica. Nella ricerca fra i vari magazzini sparsi per la Puglia di materiali adatti e necessari, se ne riescono a trovare alcuni idonei a rendere più accoglienti i locali, cosicché alla fine si ha una parte della baracca nientemeno che pavimentata in linoleum blu, con pareti rivestite di pannelli di paglia pressata color giallo chiaro ed illuminazione con lampade tubolari, che complessivamente danno un senso di sobria eleganza. Non manca un piccolo bar con macchina da caffè espresso e dotazione di bibite varie fra cui spicca un'ottima "grappa nostrana" prodotta e confezionata dall'estro e dall'abilità di alcuni specialisti con l'utilizzazione degli abbondanti prodotti enologi della zona salentina...."*

---

[4] Roberto "Fiorellino" Crespi è deceduto a Varese il 17 agosto 2011 con il grado di Gen. D.A. nato nel 1918 si era distinto durante il secondo conflitto mondiale come aerosiluratore su S.79 meritando la medaglia d'argento al valor militare. Era affettuosamente conosciuto con il soprannome di *"Fiorellino"* con cui aveva battezzato il bombardiere Martin M.187 Baltimore sul quale aveva combattuto durante la guerra di liberazione.

Il **1° luglio 1944** con l'assegnazione dei velivoli Martin M 187 Baltimore da parte della Desert Air Force alleata la Regia Aeronautica, dopo la dolorosa parentesi dell'8 settembre ricostituiva un reparto da bombardamento denominato " Stormo Baltimora"(senza numero ma con la" A" finale) su due Gruppi, il 132°Gruppo con la 253ª Squadriglia (dove era in servizio il **Ten.Brolis**) e la 281ª Squadriglia ed il 28° Gruppo con 19ª Squadriglia e 260ª Squadriglia.

Brolis ritrovò al 132° Gruppo il maggiore Erasi[5] ai cui ordini aveva combattuto prima di passare nel luglio del 1943 alla 253ª Squadriglia.

Gli alleati assegnarono il campo di Ottaviano alle falde del Vesuvio quale base di addestramento e qui nel mese di **agosto1944** iniziarono i passaggi sul nuovo velivolo. Possiamo immaginare l'attività volta da Brolis su questa velivolo non tanto facile da manovrare sia per la strumentazione e sistemazione dei comandi molto diversa da quella dei velivoli cui erano abituati i piloti italiani sia per la difficoltà che l'aereo era monocomando e l'istruttore che prendeva il posto del puntatore navigatore e cioè in posizione inferiore e anteriore è come se non ci fosse per cui il pilota-allievo doveva far tutto da se.

Dopo tre mesi di addestramento e non pochi incidenti alcuni dei quali mortali (ricordiamo tra tutti quello che il 23 agosto che costò la vita all'asso degli aerosiluranti magg. Carlo Emanuele Buscaglia), lo stormo era pronto all'impiego e si spostò a Campomarino nei dintorni di Termoli.

Il **19 novembre 1944** con il bombardamento del centro ferroviario di Konjic, da parte di 5 velivoli e del ponte stradale di Podgorica da parte di altri 6 velivoli ebbe inizio l'attività bellica dello Stormo.

Il ten. Roberto Crespi, il **27 dicembre 1944** a Campomarino, mentre si appresta alla partenza con il Baltimore, con decolli programmati ogni 20 secondi, per una missione contro un ponte ferroviario a Zenica (Erzegovina) così ricorda l'amico e pilota bergamasco **ten. Brolis**[6]:

"*… A lato della testata pista vedo e saluto il tenente Agostino Brolis intento a ritmare la sequenza dei decolli con gesti da portaerei.*

Non appena Mamolo muove per entrare in pista io freno e porto i motori a 2.000 giri provando i magneti: tutto bene; poi inserisco le pompe elettriche e chiudo i flabelli.Mi allineo in pista non appena Mamolo inizia il decollo e, frenato, porto i motori a 24 pollici di pressione aspettando il "via" di Brolis che, al ventesimo secondo, mi fa un deciso cenno. Rilascio lentamente i freni mentre porto le manette a 36 pollici e l'aeroplano ruggisce muovendosi sotto la spinta generata soltanto dall'80% della sua potenza massima di 3.500 HP…"

A Campomarino i piloti del Baltimore alloggiavano nelle tende "Moretti" che con l'inverno alle porte non erano il massimo del conforto tra spifferi, umidità e il fango che penetrava dopo abbondanti piogge.

Quella di Brolis era chiamata la "*tenda pazza*"[7] perché più grande delle altre e perché i suoi occupanti , che erano nove tra cui il comandante Marescalchi, si ingegnavano a fare baldoria e bevute, ed era un modo scaramantico per scacciare la paura della morte tra una missione ed un'altra.

Tra i tanti episodi che sono stati tramandati dello Stormo Baltimore a Campomarino e che vide **Brolis** su tutti protagonista, vi è quello della lite con una squadriglia sudafricana per l'uso di un campo di calcio che era stato ricavato tra la zona di decentramento dei velivoli e gli attendamenti del personale. Gli italiani stavano già disputando un incontro amichevole tra di loro quando si presentarono numerosi sudafricani (anch'essi di un reparto alleato di stanza nella medesima base) che a malo modo volevano occupare il terreno di gioco per divertirsi pure loro. A nulla valgono le spiegazioni parte una

---

[5]   Erasi , "Mister Bridge" come era soprannominato dagli alleati per la sua bravura nel distruggere obiettivi assai difficili come i ponti, fu abbattuto il 21 febbraio 1945 dalla contraerea tedesca mentre con il suo Baltimore era a puntare uno degli obiettivi più vitali dell'industria germanica: il bacino carbonifero dell'Arsa in Istria

[6]   Roberto Crespi "Il Gobbo Maledetto ed il Baltimore "

[7]   Era una tenda "Mogadiscio" 6x 6 con due appendici 2x2 e vi alloggiavano per la cronaca: Marescalchi, Crespi, Rolandi, Brolis, Mamolo, Saluzzo, Daniele, Valletta, Fagiolo. Brolis vi teneva l'altro un paio di camere d'aria della moto "Darling" che portava con se. Per ricordare l'atmosfera ricorda Crespi che da Ottaviano si erano portati dietro un cane con il muso coperto da un gran ciuffo di peli che gli nascondevano gli occhi. Fu battezzato subito Flap. Flap viveva accanto alla tenda pazza. Lo portavano in volo facendolo accucciare nella estrema prua dove vi era il traguardo di puntamento delle bombe. Flap ebbe così il suo libretto di volo e un bel collare con i galloni rossi di aviere scelto, cioè di Cane Scelto!

La lapide del Col. Pilota N.H. Agostino Brolis nel cimitero comunale di Zanica (BG)

rissa interrotta improvvisamente da un colpo di arma da fuoco che portano all'allontanamento della parte italiana

La notizia si sparge tra il personale del campo e la parola d'ordine è che bisogna riconquistare il campo. A quel punto e come al solito intervengono quelli della "tenda pazza" che fanno le cose in grande. **Brolis** in testa, accompagnato da due specialisti, portanti ciascuno una mitragliatrice leggera da 7,7 mm, su treppiede gli altri dietro con aggeggi vari atti a essere calati sulle teste e schiene altrui. Tale vista è un po' allarmante per i sudafricani che dopo le prime botte abbandonano il campo e così gli italiani possono ricominciare la partita. Nel trambusto rimane in mezzo al campo un inglese con una seria ferita alla testa (probabilmente frutto di qualcuno che ha reagito un po' troppo violentemente). L'incidente che provoca un'inchiesta da parte del Comando inglese si risolve con l'attribuzione della colpa alla reazione iniziale un po' esagerata del colpo di pistola sparato da un sottufficiale inglese.

Da parte italiana gli organi superiori nella inutile ricerca del "capro espiatorio" relativa al colpevole della procurata grave ferita si del colpevole si rifanno con un'aspra nota di rimprovero al Comandante di Stormo Col. Roveda.[8]

Dopo la fine delle ostilità il **20 maggio 1945** lo Stormo si trasferì al completo, con 36 aeroplani; sull'aeroporto di Roma Urbe (ex Littorio).

Pochi giorni dopo l'ordine di disarmare gli aeroplani e di adattarli a trasporto passeggeri. Nel mese di dicembre piantava le tende a Guidonia dove compiva voli di addestramento e soccorso aereo.

Nel 1948 lo Stormo Baltimore veniva sciolto.

Il col. Agostino Brolis, (questo il grado raggiunto in vita), probabilmente dopo la fine delle ostilità ha lasciato l'Aeronautica.

Muore il 7 giugno 2006 all'età di 92 anni. Viene sepolto nella tomba di famiglia dei Brolis a Zanica, in quella che in passato appartenne alla nobile famiglia dei Varese di Rosate, parenti dei Brolis e per antica discendenza della famiglia Tasso.

---

[8] Enrico Marescalchi op.cit.; Giulio Lazzati " *Ali nella tragedia*"

LA GUERRA DEGLI ALTRI, ANEDDOTI E RICORDI

Anche una piccola comunità come è quella di Zanica un piccolo paese della bergamasca, all'epoca della seconda guerra mondiale contava poco più di 4.000 abitanti, ha molte storie da raccontare, le sue persone comuni, i suoi eroi, i suoi sfortunati caduti.

Chiudiamo questa raccolta dei diari di guerra con un appendice di brevi ricordi che mi sono stati tramandati dai miei parenti e da molte altre persone di Zanica in merito alle vicende vissute in quegli anni duri.

SALVATE IL SOLDATO ~~RYAN~~ BATTAGLIA

Se visitate il cimitero di zanica alla ricerca dei caduti, militari e civili negli anni che vanno dal giungo 1940 all'aprile 1945, vi imbatterete in un piccolo loculo nella zona degli ossari, dove sono sepolti i resti di tre fratelli, i fratelli Battaglia, un destino il loro che pare insito già nel loro cognome..

La loro vicenda ricorda quella più nota dei fratelli americani, da cui il famoso film. "Salvate il soldato Ryan". Dopo tre fratelli morti eventuali altri vanno tolti dal servizio militare, dato che la famiglia ebbe già molto a soffrire. Non sappiamo cosa sia poi accaduto alla famiglia Battaglia di Zanica...

IL TENENTE MEDICO FUCILATO MA NON MORTO

Questa è invece la vicenda di Mario Fustinoni, noto e indimenticato medico condotto per moltissimi anni a Zanica, nonché papà dell'altrettanto noto Dott. Paolo Fustinoni.

Mario Fustinoni, al tempo era tenente medico in un reparto dell'esercito italiano inviato nell'ARMIR in Russia. Avventura che come è noto finì assai male per i nostri soldati, costretti ad una tremenda e terribile ritirata fra il freddo e il gelo delle steppe russe.

Fu proprio durante la ritirata che il reparto di Fustinoni venne raggiunto dalle truppe sovietiche che fecero tutti prigionieri. I russi avevano la triste abitudine di vendicare i tanti loro morti subiti, fucilando in parte i soldati catturati. Destinatari del trattamento erano solitamente tutti gli ufficiali. Quindi anche per Mario Fustinoni pareva che il destino fosse segnato. Fu messo in fila con molti altri davanti al plotone di esecuzione cui fece seguito la micidiale raffica che mise fine ai gironi di tutti i malcapitati e sfortunati ufficiali italiani.

I russi non si occuparono nemmeno di seppellire i resti dei fucilati e proseguirono la loro avventura alla ricerca di altre truppe nemiche da catturare. Non ricordo, se ore o il giorno dopo, di fronte alla pila di fucilati passò un'altra colonna in ritirata, questa volta di soldati tedeschi, che per puro caso fece controllare i caduti ad un loro ufficiale medico. Questi si accorse subito che fra i tanti morti ve n'era uno che in realtà non lo era, e si trattava proprio del nostro Mario Fustinoni! Questi venne quindi salvato e curato dai tedeschi e potè alla fine far ritorno in patria e quindi a Zanica. La vicenda saldò una grande amicizia fra i due ufficiali medici, il tedesco e l'italiano, e mi raccontò Paolo, per molti anni l'amico tedesco venne a Zanica a far visita a suo padre!

I RIEDUCATI DI MOSCA

Michele Bosis e Mario Fustinoni, non furono gli unici zanichesi a finire in Russia. La stessa sorte capitò a Vittorio Begnini. In terra russa venne catturato e poi portato prigioniera in un gulag siberiano. Mi raccontò di essersi salvato mangiando bucce di patate come alimento principale per molto tempo. Alla fine accettò il programma di rieducazione politica e venne spedito nei dintorni di Mosca, dove la sua situazione migliorò notevolmente, e dove come da programma fu sottoposto a quella specie di lavaggio del cervello ideologico tanto in voga nei regimi totalitari del tempo. Passati un pò di anni (la diffidenza sovietica era proverbiale), e convinti che il buon Vittorio fosse

oramai un perfetto stalinista gli venne permesso di far ritorno a casa... a piedi...
Giunse a Zanica talmente irriconoscibile che non venne nemmeno riconosciuto da sua madre (uguale destino capitò ad Antonio Zanchi di ritorno dal lager tedesco. Vedi diario)

LA TRAGEDIA DEI CIVILI DEL PESAROLO

La vicinanza del paese con la pista dell'aeroporto militare di Orio comportò per gli zanichesi la presenza, a partire dal 1943 di un intero battaglione di soldati tedeschi appartenenti alla Flak, la contraerea tedesca, che proprio a Zanica aveva le sue più numerose batterie. Esse erano poste nella attuale via Orio, via Padergnone e via Mulino del bosco, frammiste a numerosi rifugi mimetici per i loro caccia d'aviazione. Questo fatto ovviamente faceva dell'intero perimetro allargato dell'aeroporto di Orio un bersaglio prediletto dell'aviazione alleata che spesso scendeva a mitragliare le postazioni e gli aerei tedeschi. In una di queste azioni, sfortunatamente incapparono alcune decine di civili zanichesi, che, complice la fame, si erano portati in campagna, nella zona della casina Pesarolo, fra Zanica e Padergnone alla ricerca di pannocchie da portare a casa. Aerei americani o inglesi scesero a bassa quota e non capendo se si trattava di soldati che operavano nella zona o civili li presero a mitragliate facendone una strage. Oggi questi poveri morti sono ricordati nelle stesse lapidi riservate ai soldati morti durante le due guerre.

PAGARE CON LA MEDAGLIA DEL NEGUS...

Quello che racconto ora è un episodio divertente se non ci fosse di mezzo la tragedia della guerra e della fame..Mi fu raccontato da mio zio Ghilardi Serafino, l'indimenticato gestore della sala cinematografica di Zanica per diversi decenni. Finita la guerra la popolazione zanichese faceva letteralmente la fame. Augusta, la moglie del ex soldato Ghilardi andò a fare un minimo di spesa per far da mangiare, chiedendo come spesso accadeva il credito al negoziante, che solitamente "segnava" su un quaderno la spesa per poi ricavare il totale. Quella volta però non era giornata, e la bottegaia non ne volle sapere di fare l'ennesimo credito, sconsolata nonna Augusta fece ritorno a casa e mestamente riportò l'accaduto al marito il quale pensò ad una soluzione. Potremmo pagare con la medaglia del negus che mi diede il duce alla fine della guerra. Cosi fecero, convinti di avere la soluzione in mano. Una volta presentati davanti all'incredula bottegaia con quel controvalore che in effige mostrava l'imperatore abissino, questa diede in escandescenza: che me ne faccio della medaglia del Negus, ma *oter si macc* (ma voi siete matti) facendo scappare a gambe levate i due poveri coniugi....Affamati!

La lapide dei caduti zanichesi durante la seconda guerra mondiale nel cimitero comunale di Zanica (BG). Uguale a quella di migliaia di esempi presenti in tutti gli altri paesi e città italiane. Questa lapide mostra una raccolta atipica di caduti. In essa vi appaiono anche nomi di militari scomparsi negli anni successivi la fine della guerra, come il caso di Cristini Mario, ed ancora di soldati che la seconda guerra mondiale nemmeno la fecero, come il tenente Busi G.Battista morto negli anni cinquanta a Montalto di Castro mentre faceva la leva militare. Ed ancora , dei tre fratelli battaglia di cui abbiamo parlato, è riportato il solo Battaglia Angelo, poiché gli altri fratelli che perirono in quegli anni non erano militari.

Nelle pagine a venire diversi scatti che inquadrano molti soldati zanichesi sui vari fronti di guerra.

www.ingramcontent.com/pod-product-compliance
Lightning Source LLC
LaVergne TN
LVHW081545070526
838199LV00057B/3786